XXVI. HISTOIRE DE L'ARCHITECTURE EN FRANCE.

Par Léon VAUDOYER.

§ 1. *Époque gauloise.*

Considérations générales. — Déjà l'Asie, ce berceau de notre monde, avait eu le temps de vieillir; déjà l'Égypte, cette nation à part sur le continent africain, avait pu voir l'anéantissement de l'ordre social et religieux qu'elle avait créé; déjà la Grèce avait vu fleurir ses républiques, et était parvenue au plus haut degré de perfection dans toutes les productions de l'intelligence humaine; Rome même, enfin, avait posé les bases de sa puissance future, que le territoire de la Gaule n'était encore qu'un pays sauvage, couvert de vastes forêts, de marécages incultes, et peuplé de tribus nomades dont la guerre était la passion dominante.

La Gaule ne formait pas, à proprement parler, un corps de nation : c'était plutôt un assemblage de plusieurs nations de races et d'origines différentes, soumises à des chefs militaires, qui exerçaient un pouvoir dont la durée était subordonnée à celle de leurs succès. On conçoit combien de telles mœurs et une telle organisation sociale se prêtaient peu au développement des arts.

Nous reconnaîtrons bientôt que les monuments de cette société inculte et primitive sont une preuve manifeste de la marche presque uniforme qui caractérise les premiers essais de tous les peuples dans leur enfance.

Dans l'ancienne Gaule, c'était particulièrement dans le pays compris entre l'embouchure de la Loire et celle de la Seine, et faisant partie de l'Armorique maritime, que les druides avaient établi le siége principal de la religion; ils avaient, en outre, de nombreux colléges dans les autres parties de la Celtique, de l'Aquitaine et de la Narbonnaise; mais lorsque le druidisme fut persécuté par les Romains et obligé de se soustraire à l'influence de la conquête, ce fut au milieu de cette nature agreste et des sites sauvages de l'Armorique qu'il chercha un dernier refuge, et les rudes habitants de cette contrée furent les derniers à conserver leurs mœurs et leurs croyances nationales.

C'est donc en Bretagne et sur les bords de la Loire qu'on retrouve encore le plus grand nombre de monuments druidiques, mais il en existe cependant aussi dans les autres provinces de France. Ces monuments, précieux par l'intérêt historique qui s'y rattache, sont loin d'avoir la même valeur sous le rapport de l'art proprement dit: ce sont des roches grossières, qui conservent pour la plupart leur forme naturelle, et dans lesquelles on ne trouve souvent aucune trace de la main humaine. Quant à leur véritable signification, elle n'a pu encore être précisée d'une manière positive, malgré les nombreuses recherches et les savantes investigations des antiquaires.

L'origine des pierres brutes adoptées comme symboles religieux existe dès les temps les plus reculés; dans presque toutes les parties du monde on rencontre de ces sortes de pierres consacrées, objet du culte des premiers hommes, qui commencent par choisir les pierres dans leur état brut d'abord et telles que la nature les leur livre, pour arriver plus tard à les façonner avec plus ou moins d'habileté, jusqu'à ce qu'enfin la matière disparaisse dans la forme symbolique que l'art parvient à lui donner quand il s'en empare.

Les monuments druidiques appartiennent à l'époque la plus reculée de notre histoire; mais il serait à peu près impossible de leur assigner une date précise et d'arriver à les classer dans un ordre chronologique quelconque; seulement il est permis d'admettre qu'ils sont généralement antérieurs à la conquête romaine. Ces monuments sont variés dans leur forme et leur disposition; les motifs qui les firent élever durent être différents. Nous allons entreprendre de les décrire dans l'ordre de leur importance.

Menhirs ou Peulvans. — Le plus simple des monuments celtiques est le *menhir* ou pierre longue, appelée aussi *peulven* ou pile de pierre. Le menhir est un monolithe grossier, une sorte d'obélisque informe, planté verticalement dans le sol. La hauteur des menhirs varie de 3 à 15m, et l'on est autorisé à croire qu'ils étaient élevés dans différentes intentions. Il en est qu'on s'accorde à considérer comme

[ ] *Menhirs ou Peulvans.*

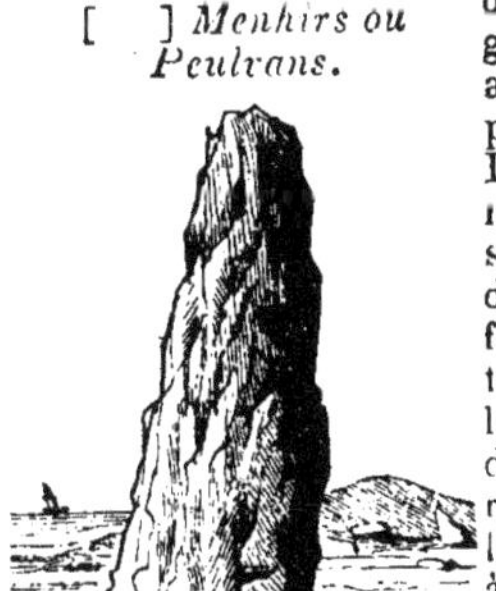

des pierres tumulaires; d'autres semblent avoir eu pour but la commémoration de quelque fait important. On pense aussi que certains menhirs ont pu être l'objet d'un culte et adorés comme des idoles. On en voit même dont la partie supérieure, dégrossie en forme de tête, semblerait indiquer un premier essai de sculpture. Enfin, quelques monuments de ce genre semblent avoir été destinés postérieurement, et après avoir été dépouillés de leur caractère religieux, à fixer les limites des différents peuples de la Gaule. Dans le département de la Meuse, près de Joinville, il existe un menhir qui porte cette inscription latine : *Viromarus Istatili F.*, Viromarus fils d'Istalius. Il est bien évident que cette inscription date de l'époque de l'occupation romaine, et elle pourrait faire croire que ce monument avait alors reçu une consécration tumulaire. Plus tard enfin, on grava sur certains menhirs des symboles chrétiens, et quelques-uns furent même façonnés en forme de croix. Le menhir que nous représentons se trouve près de Quiberon, dans le département du Morbihan. Nous citerons, de plus, le menhir de Grabusson (Ille-et-Vilaine), celui de Poutigné, près Saumur (Maine-et-Loire); de Saint-Sulpice, près Libourne (Gironde), etc.

Le **Lichaven** ou **Trilithe** ressemble à une espèce de porte rustique, il se compose de deux pierres plantées verticalement, à peu de distance l'une de l'autre, et d'une troisième superposée horizontalement, comme un linteau. On voit un trilithe ou lichaven de cette sorte à Sainte-Radegonde dans le Rouergue. La *Pierre-Frite*, près de Maintenon (Eure-et-Loir), n'est autre chose qu'un lichaven comme la *Peyre-Levade* qui se voit au nord de Pujols (Gironde).

Le **Dolmen** ou table de pierre se compose de deux pierres dont l'épaisseur est moindre que la largeur, plantées verticalement et portant une troisième pierre horizontale, formant une espèce de table. On considère généralement les dolmens comme des autels de sacrifices : ces tables sont en effet creusées dans leur épaisseur de manière à former de petits bassins que l'on a supposés avoir été destinés à recevoir les libations ou le sang des victimes. Dans quelques dolmens la table est percée de telle sorte qu'on pouvait, par-dessous, recueillir le sang de la victime, qui trop souvent pouvait être du sang humain.

[ ] *Dolmen.*

Cette coutume barbare des sacrifices humains, quoique consignée dans beaucoup d'auteurs, se trouve aujourd'hui très-contestée.

Il y avait des tables de dolmens supportées par trois pierres et quelquefois plus encore, comme celui de Locmariaquer (Morbihan), dont nous donnons le dessin. La longueur de la table est de 8m,70, la largeur de 4m, et l'épaisseur de 1m. Le dolmen de Trie (Eure) se compose de trois pierres verticales supportant la quatrième ; dans l'une des trois pierres se trouve un trou qui pourrait peut-être, par sa disposition, faire supposer que ce monument avait pu servir à rendre des oracles.

Demi-Dolmens. — On appelle ainsi une pierre qui n'est supportée que d'un seul côté, et se trouve conséquemment inclinée au lieu d'être horizontale. Quelques auteurs ont pensé que ce genre de monument avait peut-être pu servir à proclamer les chefs; d'autres veulent que ce soient les autels du culte druidique. Le demi-dolmen que nous reproduisons existe près de Poitiers sous le nom de *Pierre-Levée*. Près de Bonneval, dans le département d'Eure-et-Loir, on voit un demi-dolmen appelé *la Pierre-Couverclée*; la table a 3m,33 de longueur. Il en existe plusieurs autres dans le même département.

[ ] *Demi-Dolmen.*

Allées couvertes. — Le principe primitif et naturel de construction que nous avons observé dans la disposition des lichavens et des dolmens, se retrouve, mais développé sur une plus grande étendue, dans un genre de monuments intéressants qu'on nomme *allées couvertes*, ceux de tous les monuments gaulois qui offrent le plus l'apparence d'une construction combinée et quelques conditions d'une œuvre architecturale. En effet, on retrouve

[ ] *Allée couverte.*

dans ces monuments la composition d'un plan disposé pour former un ensemble. Ces allées couvertes se composent de deux rangées de pierres brutes posées verticalement à la suite l'une de l'autre, et formant ainsi deux murailles parallèles, entre lesquelles il existe un corridor ou une galerie couverte par de grandes pierres transversales servant à la fois de plafond et de couverture. Rien ne peut mieux en donner l'idée que la manière dont un enfant commence à disposer des dominos quand il cherche à figurer une bâtisse. Tant il est vrai que cette disposition résulte du principe le plus élémentaire de stabilité; savoir : deux points d'appui plus ou moins distants, servant à supporter une traverse horizontale d'une dimension proportionnée à cette distance. On pourrait facilement établir un rapprochement entre ces monuments celtiques et certains monuments de l'Inde et de l'Égypte.

La plus remarquable des allées couvertes qui existent en France est celle qui est située à Bagneux près Saumur (Maine-et-Loire), elle a 20m de longueur. Les pierres qui servent de support aux tables ont environ 2m,25 de hauteur. Près d'Essé, à 28km de Rennes (Ille-et-Vilaine), on voit une allée couverte, d'une importance presque égale à celle du monument de Saumur. Celle dont nous donnons un dessin, et qui, comme celle d'Essé, est connue sous le nom de *Roche-aux-Fées*, se trouve près de Mettray, dans le département d'Indre-et-Loire, à 8km de Tours. Sa situation au milieu d'un bouquet d'arbres touffus, le seul existant au centre d'une plaine, semble ajouter à son caractère, et lui prête une physionomie qui n'est peut-être pas sans analogie avec celle que ce monument devait avoir dans son origine. La longueur totale du monument est de 7m,40, sa largeur de 3m,30, et sa hauteur de 4m,20. Les pierres sont mieux jointes que dans les autres monuments de ce genre.

Était-ce dans l'intérieur de ces monuments que s'accomplissaient les rites mystérieux des druides? étaient-ils réservés à la demeure des prêtres ou aux oracles de la justice? c'est ce que jusqu'ici nous semblons destinés à ignorer.

Cromlecks. — On désigne sous le nom de cromleck un ensemble composé d'un certain nombre de *peulvans* ou *menhirs* disposés régulièrement, soit en cercle, soit selon la forme elliptique, et quelquefois sur plusieurs rangs concentriques les uns aux autres. Ces sortes d'enceintes sacrées, qui offrent une analogie réelle avec celles du même genre qui étaient très-communes chez les premiers peuples de l'Asie, sont considérées par les auteurs, soit comme des temples, soit comme des lieux d'assemblée publique, soit enfin comme des sépultures de famille. Le monument celtique le plus remarquable de cette espèce est celui qui existe en Angleterre, dans le comté de Salisbury, et que les Anglais désignent sous le nom de *Stone henge*, pierre suspendue. En France nous avons plusieurs cromlecks; il en existe un près de Fontevrault, et quelques-uns dans l'ancienne Bretagne.

Les **Alignements** se composent, ainsi que les cromlecks, d'un certain nombre de pierres debout, si ce n'est qu'au lieu d'être disposées circulairement elles sont placées en ligne droite et sur plusieurs lignes parallèles les unes aux autres. Les pierres alignées de Carnac forment un ensemble extraordinaire; elles sont rangées sur onze lignes parallèles, et s'étendent dans l'espace de plusieurs lieues, car on les suppose devoir se rattacher aux pierres d'Ardeven, auxquelles elles se lient par plusieurs points intermédiaires. Parmi les différentes explications que les auteurs ont voulu donner de ces singuliers monuments, il nous serait difficile de donner la préférence à aucune; et nous craignons bien que ces énigmes restent encore long-temps impénétrables.

Pierres branlantes ou tournantes. — On rencontre parmi les monuments celtiques des roches posées en équilibre l'une sur l'autre, n'ayant qu'un point de contact, et pouvant recevoir un mouvement d'oscillation plus ou moins marqué; dans d'autres cas, le bloc supérieur tourne comme sur un pivot, et cependant elles demeurent dans cette position depuis des siècles. Des traditions superstitieuses ont fait considérer ces monuments comme des pierres probatoires destinées à rechercher la culpabilité des accusés, et particulièrement la fidélité des femmes; leurs mouvements servaient aussi, à ce qu'on suppose, à l'interprétation des oracles : peut-être, en les faisant mouvoir, les prêtres interprétaient-ils leurs mouvements dans le sens le plus favorable à leurs intentions. MM. Cambry, Dulaure, Baudoin, Maison-Blanche, et, depuis eux, plusieurs autres antiquaires ont émis sur la destination de ces singuliers monuments diverses opinions, parmi lesquelles nous nous abstiendrons même de faire un choix, tant elles nous semblent hasardées. Il existe de semblables pierres sur plusieurs points de la France : la plus volumineuse de toutes est celle de Perros-Guyrech (Côtes-du-Nord); son poids doit être évalué à 400 000kg, et cependant un seul homme peut lui imprimer un mouvement sensible. Nous citerons aussi celle qu'on voit près du village d'Uchon, à 12km d'Autun (Saône-et-Loire). La Bretagne, l'Auvergne, et le département de la Lozère offrent un assez grand nombre de pierres branlantes; on leur donne les noms divers de *pierres roulantes*, *pierres qui dansent*, *pierres folles*, etc.

Tumuli ou tombelles. — L'inhumation d'un corps a pour effet de laisser à la surface du sol un monticule de terre qui aide à reconnaître la place même de la sépulture; mais, dans un court espace de temps, la pluie, le vent ont bientôt fait disparaître cette trace périssable, et le sol reprend son aspect primitif; or donc, pour la perpétuer et prévenir cette rapide destruction, on eut l'idée toute naturelle d'y amonceler des pierres de manière à former une élévation factice et plus durable, jusqu'à ce qu'enfin on entreprit de rendre ces surélévations plus durables à l'aide de constructions solides; et ce qui avait dû avoir lieu pour la sépulture d'un seul individu eut également lieu pour celle d'un certain nombre d'hommes, lorsqu'après une bataille, par exemple, on donnait la sépulture à ceux qui y avaient trouvé la mort.

Telle est évidemment l'origine des *tumuli* que l'on trouve dans tous les pays du monde et qui servirent de type aux plus somptueux mausolées. Les pyramides d'Egypte ne sont autre chose que de gigantesques tumuli, et tous les grands tombeaux de l'antiquité affectent toujours la forme conique ou pyramidale, qui est devenue en architecture le type caractéristique des monuments funéraires.

La France possède un grand nombre de tumuli qui peuvent être attribués aux Celtes, aux Gaulois ou aux Romains; les plus simples tombelles gauloises sont formées avec de la terre; d'autres, que l'on nomme *galgals*, se composent d'un amas de pierres; elles sont, en général, de forme conique, quelquefois cependant leur base est elliptique, leur hauteur est souvent de 20^{m}, le tumulus de Cumiac en a plus de 30.

[ ] *Galgals.*

L'intérieur des galgals se compose souvent de plusieurs chambres sépulcrales composées de pierres brutes comme des dolmens, contenant plusieurs squelettes, soit assis, soit couchés; dans d'autres il n'existe qu'une seule salle dans toute l'étendue de la colline, servant de sépulture commune; enfin on trouve quelquefois dans l'intérieur de ces monuments des constructions cimentées; dans ce cas, on peut être certain qu'elles sont d'origine romaine.

Les fouilles faites dans l'intérieur de plusieurs de ces monuments ont fait reconnaître que, selon le rang et la dignité du personnage qui y était enseveli, on y déposait à ses côtés ses armures, des vases, des bijoux et d'autres objets qui lui avaient appartenu pendant sa vie. Quelques-unes de ces collines étaient considérées comme sacrées, d'autres étaient élevées dans un but de défense : dans ce cas, elles étaient tronquées dans leur partie supérieure de manière à pouvoir contenir un certain nombre de combattants; dans ce cas, un large fossé les circonscrit, et souvent elles se trouvent liées à un système de défense.

Autres constructions des Gaulois. — Tous les monuments que nous venons de décrire sont informes et grossiers, et l'on peut dire que l'art n'est aucunement intervenu ni dans leur conception, ni dans leur exécution. Ils se trouvent tous épars dans la campagne, plus ou moins distants les uns des autres, souvent sans aucun rapport entre eux, et n'ont jamais été compris dans l'enceinte des villes. Les Gaulois n'avaient-ils donc pas de villes? étaient-ce donc là leurs seuls monuments? et en existait-il d'un autre genre qui nous seraient restés inconnus? Telles sont les questions qu'on est amené à se faire quand on s'occupe de rechercher quels pouvaient être les mœurs et l'état de la civilisation des Gaulois avant l'occupation romaine.

On comprend très-bien que les Gaulois, sans cesse guerroyant et toujours occupés d'expéditions lointaines, ne se soient pas attachés à se construire des habitations fixes et susceptibles d'une longue durée. Voici la description que donne Strabon des habitations gauloises (liv. IV) : « Les » maisons gauloises, spacieuses et rondes, » étaient construites de poteaux et de » claies, en dehors et en dedans desquels » on appliquait des cloisons en terre; une » large toiture, composée de bardeaux » de chêne et de chaume ou de paille hachée et pétrie dans l'argile, recouvrait » le tout. »

Vitruve, liv. II, ch. I, après avoir fait la description de ce même genre de bâtisse, mentionne la Gaule, l'Espagne, le Portugal et l'Aquitaine comme les contrées dans lesquelles il était usité.

César dans ses Commentaires, dit que ses soldats étaient logés (*in casas quæ more gallico stramentis tectæ erant*). Ce *more gallico* donne à penser que ce genre de toiture de chaume était peu en usage en Italie, où il est encore aujourd'hui extrêmement rare.

Les agglomérations de population qui composaient chez les Gaulois ce qu'on appela des villes ne devaient avoir aucun rapport avec l'ensemble d'une ville tel qu'on est arrivé à le composer depuis; mais les *oppida* dont il est souvent question dans l'histoire des luttes désespérées qu'ils eurent à soutenir contre les Romains en tenaient lieu; les *oppida* gaulois étaient entourés d'enceintes fortifiées qui, chez les peuplades les plus sauvages, étaient formées à l'aide d'abatis d'arbres croisés en tous sens et établis de préférence dans les endroits déjà formidables par leur situation naturelle; dans d'autres provinces ces remparts étaient construits d'une manière plus solide et plus durable à l'aide de pierres entremêlées de grandes pièces de bois; ce système de construction, outre qu'il avait l'avantage de s'exécuter plus rapidement, avait de plus celui d'offrir une grande résistance, car la pierre était à l'abri du feu, et le bois ne permettait pas d'y faire brèche. Il paraît que ce mode de construction variée ne produisait pas un mauvais effet, et c'est ainsi que César le juge quand il dit : *Hoc quum in speciem varietatemque deforme non est, alternis trabibus ac saxis quæ rectis lineis suos ordines servant, tum ad utilitatem et defensionem urbium summam habet opportunitatem..* (Cæs. *Bell. gall.*, liv. VII). C'était dans ces espèces de citadelles qu'au premier signal de guerre les populations de la campagne, abandonnant leurs misérables chaumières, couraient se renfermer avec leurs femmes, leurs enfants, leurs troupeaux et tout ce qu'elles pouvaient transporter avec elles.

§ 2. *Époque romaine.*

Premiers effets de la conquête. — Ces oppida, bien que témoins de nombreux et héroïques exploits, ne purent cependant pas protéger la liberté gauloise contre la science et la puissance des Romains, et quelquefois même les villes gauloises devinrent le noyau de villes romaines.

La première ville fondée par les Romains dans les Gaules fut celle d'Aquæ Sextiæ (Aix en Provence), qui eut pour fondateur le consul C. Sextius, 123 av. J.-C.

Un des plus anciens monuments romains fut celui qu'on éleva en mémoire de la célèbre victoire remportée par Marius sur les Cimbres et les Teutons (101 av. J.-C.). C'était une haute pyramide située à l'extrémité du Champ-Putride, près d'Eaux-Sextiennes; les bas-reliefs représentaient Marius debout sur un bouclier soutenu par des soldats et dans l'attitude d'un général proclamé *imperator.* Ce monument était encore entier au 15e siècle, et le village de Pouvrières avait pris pour armoiries la scène représentée par le bas-relief.

La conquête de la Gaule, commencée si brillamment par Jules-César 51 av. J.-C., fut accomplie par Auguste et ses successeurs; mais la conquête romaine n'était pas la conquête qui détruit et ne laisse après elle que des ruines; la tâche que les Romains s'étaient imposée était noble et grande : si Rome ambitionnait la domination universelle, c'était dans le but de soumettre à sa puissante unité tous ces peuples barbares, afin de les initier plus sûrement, et pour ainsi dire malgré eux, aux avantages d'une civilisation avancée. Pour les Romains, conquérir une province, soumettre une nation, c'était la faire entrer dans la grande famille romaine, et, une fois incorporée à l'empire, chaque province participait à sa prospérité, à sa gloire et à sa puissance. Cette Gaule, donc naguère si sauvage, si ignorante, si indisciplinée, subit promptement une transformation complète et n'eut bientôt plus rien à envier à l'Italie.

Au lieu des antiques oppida situés dans des lieux escarpés, s'élevèrent dans les situations les plus favorables des villes florissantes qui s'embellirent de monuments de toute espèce; les landes incultes, les marais insalubres sont livrés à la culture, les vastes forêts sont exploitées régulièrement, des voies de communication ouvertes dans toutes les directions sillonnent le pays et franchissent les fleuves sur des ponts solides et durables; des ports sûrs et commodes reçoivent les vaisseaux sur les deux mers, des aqueducs d'un développement immense traversent les montagnes et les vallées pour apporter au sein des villes des eaux pures et abondantes, les campagnes se couvrent de maisons de plaisance; enfin le latin remplace la langue celtique, ou plutôt, en se fondant avec elle, engendre un idiome nouveau. C'est ainsi que ces peuples différents, réunis en un seul corps de nation, virent naître pour eux une ère toute nouvelle. Les Gaulois, dès lors, s'habituèrent à ne plus considérer les Romains comme des vainqueurs, mais bien comme des frères, et la Gaule prit rang parmi les premières nations de l'Europe.

Les monuments divers qui appartiennent à cette période brillante de notre histoire ont en partie été détruits dans les siècles postérieurs; mais cependant, dans le petit nombre de ceux qui ont survécu, nous possédons encore assez d'exemples variés pour avoir une idée à peu près exacte de ce que furent les productions de l'art romain dans notre pays. Il serait difficile d'assigner à chacun de ces édifices une date bien précise; mais cependant on peut souvent, faute de documents authentiques, reconnaître, d'après le style de leur architecture, ceux qui appartiennent aux beaux temps de l'empire et ceux qui doivent être classés dans l'époque de la décadence.

Ponts et aqueducs. — Les Romains considéraient comme un des premiers moyens de civilisation l'établissement de ces constructions d'utilité publique qui ont pour objet de contribuer au bien-être des citoyens et d'assurer la salubrité du pays. C'est par ce sentiment qu'ils établissaient ces constructions de manière à leur donner la plus grande durée possible, afin que, s'il survenait dans l'Etat quelque calamité publique, une guerre, ou un désordre dans les finances, elles pussent pendant longtemps se passer de réparations et continuer à satisfaire aux besoins pour lesquels elles avaient été créées : l'extrême solidité était donc, dans ce cas, non le seul, mais le principal luxe de l'architecture. Pour se convaincre de ce que nous avançons ici, il suffirait de citer les ponts, les aqueducs et les égouts de Rome, qui servent encore aujourd'hui aux habitants de cette ville et qui n'ont pas peu contribué certainement à la préserver d'une ruine complète.

[ ] *Aqueduc romain vulgairement connu sous le nom de Pont du Gard.*

En France, sans être aussi riches en monuments de ce genre, nous pouvons citer les restes d'aqueducs de Lyon, ceux de Jouy près de Metz, celui d'Arcueil à Paris, et enfin le fameux pont du Gard, qui est une véritable merveille et par la grandeur de ses proportions, et par sa durée, et par son admirable situation.

On voit encore dans plusieurs provinces des restes de ponts qui n'auraient rien eu à redouter des ravages du temps si la main des hommes n'était venue volontairement hâter leur ruine; ce sont ceux de Vaison et de Saint-Chamas, qui n'ont qu'une seule arche; celui de Saint-Chamas est enrichi d'un arc monumental à chacune de ses extrémités; son ensemble est d'un joli effet. Dans le département de l'Hérault il existe un pont de trois arches qui n'est plus en état de servir; à Saintes on voyait il y a peu de temps encore les restes d'un pont romain surmonté d'une porte composée de deux arcs géminés. Ce pont vient d'être récemment dénaturé, et l'arc a été démoli pour être reconstruit plus loin. Enfin nous citerons comme un modèle de construction de ce genre le pont de Sommières, qui, dans son origine, avait dix-sept arches dans sa longueur; il servait de passage à la voie antique qui allait de Nîmes à Luteva.

Portes de ville. — Comme exemples de portes de ville, nous possédons celles de Nîmes et celles d'Autun; ces dernières surtout permettent de se faire une idée du caractère monumental que les Romains donnaient à ce genre de constructions. Ces portes, situées à l'extrémité des voies principales, étaient pratiquées entre deux tours qui en défendaient l'entrée; les plus simples n'étaient percées que d'une seule ouverture, comme la porte de France à Nîmes; les plus importantes se composaient de deux grandes ouvertures, dont l'une pour l'entrée et l'autre pour la sortie, comme celle de Saintes; et quelquefois même de deux plus petites pour les piétons, comme celles d'Aroux et de Saint-André à Autun; le passage d'une tour à l'autre au niveau du parapet des murs motivait toujours une surélévation qui était pleine dans les portes de peu d'importance, comme dans la petite porte de France à Nîmes, et formait une galerie à jour dans celles d'une plus grande étendue, comme aux deux portes d'Autun. Vitruve recommande de faire les tours rondes comme devant mieux résister aux chocs des béliers.

Thermes. — L'usage des bains, si commun en Italie, fut importé par la conquête dans la Gaule. Les Romains apprécièrent promptement les différentes sources d'eaux minérales qui se trouvent répandues sur divers points de la France, et les villes d'Aix en Provence, de Néris, du Mont-Dore, de Bagnères et beaucoup d'autres localités renommées par les propriétés salutaires de leurs eaux thermales, virent s'élever ces vastes édifices qui, sous le nom de thermes, servaient à l'usage des bains de toute espèce, et dans lesquels on avait coutume de disposer des salles pour la conversation, des portiques pour la promenade, des exèdres pour le repos, etc. C'est surtout dans les thermes que les Romains ont fait preuve d'une grande habileté dans l'art de bâtir.

L'Italie conserve de vastes ruines de thermes qui ont permis de nous initier aux détails des usages romains. En France, les plus beaux restes de thermes qu'on connaisse sont ceux qui existent à Paris, rue de la Harpe; ces bains n'étaient qu'une dépendance du vaste palais impérial dans lequel Julien fut proclamé empereur par ses soldats; une seule salle, celle qu'on appelait *frigidarium*, parce qu'elle était destinée au bain froid, a conservé sa voûte, qui s'élève à 15m au-dessus du sol. Cette voûte, construite en blocage, est d'une telle solidité, qu'un jardin contenant de grands arbres fut établi au-dessus pendant plusieurs années. Les retombées de cette voûte d'arête sont soutenues par des proues de navire en pierre, qu'on serait tenté de considérer comme les plus anciens emblèmes de la ville de Paris. Ces thermes étaient alimentés par l'eau de l'aqueduc d'Arcueil. Dans le golfe de Fréjus, à l'occident de la ville, on voit encore les ruines d'un établissement thermal assez complet; on y reconnaît le *sudatorium* ou bain de vapeur : c'est une salle de forme circulaire surmontée d'une voûte conique.

Enfin Nîmes, si riche en monuments de l'époque romaine, possédait aussi des bains remarquables par leur grande disposition, ainsi qu'on put en juger lors des fouilles faites dans le siècle dernier, et qui mirent à découvert les restes de ce vaste édifice; mais l'ensemble de ces ruines intéressantes fut complétement dénaturé lorsqu'on créa le jardin actuel de la Fontaine. A l'ouest des bains on voit encore une salle richement décorée de colonnes, de niches et de sculptures, qu'on nomme le Temple de Diane. Mais la forme particulière de cet édifice, qui ne ressemble en rien à un temple; les aqueducs qui l'environnent, sa proximité des bains, tout permet de conjecturer que c'était une salle de bains ou un nymphée. Les restes de plusieurs établissements de bains, moins importants que ceux qu'on vient de citer, ont été découverts en Languedoc, en Auvergne et dans d'autres parties de la France.

Nous savons, d'après les découvertes faites en Italie et particulièrement à Rome, que c'était dans les thermes que les Romains se plaisaient à déployer le plus grand luxe de décoration. Les parois intérieures de ces vastes salles étaient revêtues des marbres les plus variés; les voûtes, supportées par des colonnes monolithes de granit ou de porphyre, étaient décorées de peintures ou de stucs dorés; les pavements étaient en mosaïque; des immenses cuves de marbre étaient destinées aux bains, et les salles de ces somptueux édifices étaient en outre enrichies des chefs-d'œuvre de la sculpture antique.

Temples. — Les colonies romaines élevèrent dans les provinces des Gaules des monuments consacrés aux grandes divinités du paganisme, aux demi-dieux et aux empereurs; ces monuments n'ont pu échapper aux dévastations du bas-empire et au zèle hostile des premiers chrétiens : aussi la France n'en possède-t-elle aujourd'hui qu'un très-petit nombre.

Le plus ancien temple romain qui soit en France est peut-être celui de Vernègues près d'Aix en Provence. Le style de l'architecture de ce monument qui offre beaucoup d'analogie avec celui de l'art grec et son voisinage de Marseille, permettent de conjecturer que ce temple doit appartenir aux premiers temps de la conquête.

Les Romains, en empruntant aux Grecs leurs croyances et leurs pratiques religieuses, avaient également adopté la forme et la disposition de leurs temples, et le temple romain fut une imitation complète du temple grec. Le mieux conservé de tous les temples romains, non-seulement en France, mais dans l'étendue entière des anciennes provinces de l'empire romain, est celui qui existe dans la ville de Nîmes, département du Gard, et qu'on désigne sous le nom de *Maison carrée*. Ce monument remarquable est trop connu et a été représenté trop souvent, pour qu'il nous soit nécessaire d'en faire la description. On est autorisé à croire que le temple de Nîmes était consacré aux petits-fils d'Auguste, si l'on s'en rapporte à l'interprétation donnée par Séguier à l'inscription gravée sur le frontispice, et qui d'après lui aurait été : *C. Cæsari Augusti F. Cos. L. Cæsari Augusti F. Cos. designato principibus juventutis*, ce qui fait remonter l'érection du monument à l'an 754 de Rome et à l'an 1er de l'ère chrétienne.

Il existe à Vienne, en Dauphiné, un autre temple moins bien conservé que celui de Nîmes, mais qui offre cependant beaucoup d'intérêt; il était consacré à Livie : les détails n'en ont jamais été terminés, mais dans les chapiteaux on retrouve des feuillages aigus, analogues à ceux du temple de Vernègues, qui pourraient faire croire à l'intervention d'artistes orientaux établis sans doute dans la partie méridionale de la Gaule.

Il devait exister en France un grand nombre de monuments religieux analogues à ceux qu'on vient de décrire, mais ils ont tous disparu; les villes de Riez, d'Arles, d'Autun, d'Avallon, sont à peu près les seules qui en aient conservé quelques restes.

Tombeaux. — On a vu, lorsque nous nous sommes occupé des monuments gaulois, combien sont nombreuses en France les tombelles ou collines factices qu'on peut attribuer à ce peuple; celles que les Romains élevèrent à la mémoire de leurs guerriers, de leurs concitoyens ne sont pas moins communes. A la proximité des grandes villes et généralement le long des voies publiques, on éleva, de préférence à des tombelles, des monuments plus importants et plus somptueux. Parmi les tombeaux les plus simples, et qui se rapportent probablement à la première époque de la conquête, nous citerons, auprès d'Autun, le reste de monument qu'on appelle la pyramide de Couart; près de la ville de Vienne, en Dauphiné, près de Saint-Remy, l'antique *Glanum*, on voit des tombeaux dans lesquels on a introduit un certain luxe d'architecture, tout en conservant le principe de la forme pyramidale; dans le siècle dernier, on voyait encore à Aix, en Provence, trois tombeaux que Sextius, le fondateur de cette ville, avait fait élever aux membres de sa famille; le plus important de ces tombeaux était composé d'un soubassement carré sur lequel s'élevaient deux étages de colonnes superposées et disposées circulairement. Les représentations de ce monument n'indiquent pas quelle était la forme du couronnement, qui, sans doute, avait été détruit antérieurement.

Lors de la destruction de ce tombeau, on y trouva la bulle en or qui fut transportée à Paris au cabinet des médailles.

Quant aux simulacres funéraires peu importants, qui surmontaient le plus souveut les sépultures romaines, ou qu'on plaçait dans l'intérieur des chambres sépulcrales, comme les sarcophages, les cippes, les stèles, etc., ils étaient, dans l'antiquité comme de nos jours, façonnés à l'avance et vendus tout faits pour être consacrés à la mémoire de tel ou tel individu, dont il ne restait qu'à graver le nom. Nos musées de province sont riches en monuments de ce genre.

Théâtres, cirques, amphithéâtres. — Si, dans certains édifices, les Romains n'ont souvent été que des imitateurs des Grecs, il en est d'autres dans lesquels ils se sont montrés véritablement créateurs; de ce nombre sont non-seulement les thermes, dont nous avons déjà parlé, mais encore les théâtres, les amphithéâtres et particulièrement les arcs de triomphe. La France encore peut nous fournir des exemples de ces divers monuments assez bien conservés pour juger de la supériorité que l'architecture romaine y avait déployée. Le théâtre est bien effectivement d'origine grecque; mais les Romains surent lui donner un développement et une importance architecturale qu'il n'avait jamais atteints sous leurs prédécesseurs.

On voit à Orange, département de Vaucluse, les restes d'un théâtre romain qui mérite d'autant mieux de fixer l'attention que toute la partie de la scène s'y trouve mieux conservée que dans aucun théâtre d'Italie; et ces ruines, étudiées avec soin, permettent d'éclairer plusieurs points essentiels pour la recomposition des théâtres des anciens. A Vienne, à Arles, il existe aussi des restes de théâtres mais plus incomplets.

Près du théâtre d'Orange, on voit encore quelques vestiges d'un ancien cirque: on sait que les cirques étaient destinés aux courses de chevaux, aux courses en chars et à différents exercices gymnastiques. Ce fut, de la part des Romains, une imitation de l'hippodrome des Grecs, auquel ils donnèrent une grande extension. Les théâtres, les cirques et les amphithéâtres sont des monuments qui, comme on doit le comprendre, avaient une certaine analogie entre eux; mais ces derniers appartiennent plus particulièrement aux Romains.

La France est riche en amphithéâtres; elle en possède surtout deux qui, quoique moins vastes et moins somptueux que le Colysée de Rome, n'en sont pas moins

[ ] *Amphithéâtre de Nîmes.*

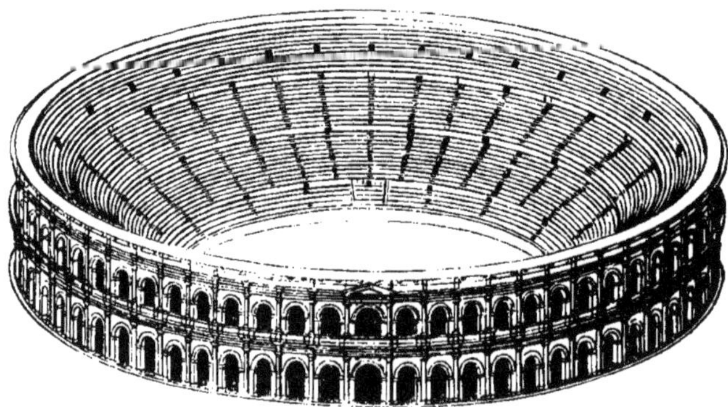

aussi intéressants à étudier quant aux usages qui se rattachent à ce genre d'édifices.

L'un de ces amphithéâtres est à Arles; le second, beaucoup mieux conservé, est à Nimes; on les désigne vulgairement sous le nom d'*arènes*. On n'a aucun document qui permette de fixer d'une manière certaine la date de leur construction. Le plan de l'amphithéâtre de Nîmes, comme celui de tous les amphithéâtres, a la forme d'une ellipse, dont le grand axe a 133m 380mm, et le petit axe 101m 400mm; l'extérieur se composait de deux rangs de portiques à arcades : il y avait en tout trente-cinq rangs de gradins, divisés en quatre *précinctions*, ayant chacune leurs issues et leurs *vomitoires particuliers*. La distribution des nombreux escaliers, des galeries, des vomitoires, etc., était combinée de manière à faciliter la circulation du concours immense de citoyens qui s'y réunissaient les jours de spectacle, et dont le nombre pouvait être de 20 000 (le Colysée de Rome contenait 87 000 spectateurs). Il paraît que l'amphithéâtre de Nîmes, comme le Colysée, pouvait être à l'occasion transformé en naumachie.

Il existe en France quelques autres restes d'amphithéâtres romains, à Fréjus, département du Var; à Lillebonne, en Normandie; à Saintes et à Poitiers.

Arcs de triomphe. — Nous devons mentionner encore un autre genre de monument qui appartient à l'occupation romaine; ce sont les arcs de triomphe, dont plusieurs existent dans un assez bon état de conservation. Celui qu'on voit à l'entrée de la ville d'Orange, département de Vaucluse, est le plus remarquable de tous; il a été dégagé et complétement restauré : trois arcades, une grande et deux petites, servent de passage. Les sculptures qui décorent les différentes faces représentent des armures, des agrès et des attributs nautiques. Malgré la difficulté qu'on éprouve à fixer la date de l'érection de ce monument qui ne porte aucune inscription, on peut du moins affirmer qu'il n'a jamais été dédié à Marius, comme quelques auteurs l'ont avancé sans autorité, car le style de l'architecture et des ornements permet de croire que cet arc de triomphe appartient à une époque plus avancée. Les arcs de Reims, de Carpentras et de Cavaillon doivent être rangés dans la dernière période de l'empire; celui qu'on voit à Saint-Remy pourrait seul être considéré comme antérieur à ceux-ci, et par la pureté de ses profils et l'exécution des détails on peut supposer qu'il date d'une époque florissante de l'art.

[ ] *Arc d'Orange.*

§ 3. *Origines et développements de l'architecture chrétienne.*

Après avoir participé aux bienfaits de la civilisation romaine, la Gaule subit les vicissitudes de l'empire comme elle en avait partagé la gloire.

Dès le 5e siècle eut lieu l'invasion des Francs, qui occupèrent les provinces du nord. Déjà le christianisme avait commencé à remplacer le culte des idoles, et Clovis, en recevant le baptême avec ses soldats, devint bientôt pour l'Occident ce que Constantin avait été pour l'Orient; il assura le triomphe de la religion chrétienne, et posa ainsi les fondements de cette nouvelle société dont nous allons avoir à étudier les développements successifs. On comprend que l'influence des idées chrétiennes devait naturellement produire une transformation complète dans les arts, et particulièrement dans les monuments religieux.

Catacombes. — Pendant tout le temps que les chrétiens avaient été persécutés, ils n'avaient pu songer à construire des édifices, et leurs cérémonies religieuses restèrent ensevelies dans les catacombes. La Gaule, comme l'Italie, possédait de mystérieux sanctuaires consacrés par le sang des martyrs. On voit encore quelques-unes de ces grottes creusées dans le sol à Lyon, à Agen, à Montmajour, etc.

Basiliques. — Devenus libres de pratiquer publiquement leur religion, les chrétiens eussent été incapables d'élever des temples, et ne voulant pas se servir des temples païens qui d'ailleurs ne se prêtaient aucunement à leurs besoins, ils choisirent parmi les édifices grecs ou romains celui de tous qui, par sa disposition et son étendue, pouvait le mieux convenir aux exigences de ce nouveau culte : ce fut la basilique, vaste salle composée d'une nef principale, de bas-côtés ou galeries latérales et de tribunes, qu'ils essayèrent de transformer en église. Cette disposition de la basilique antique devint ensuite traditionnelle, et fut reproduite lors de l'érection des nouveaux temples.

La basilique chrétienne fut donc bien effectivement une imitation de la basilique païenne; mais il importe de remarquer que, soit par une cause soit par une autre, les chrétiens, dans la construction de leurs basiliques, substituèrent bientôt à l'architrave grecque des basiliques antiques un système d'arcs reposant directement sur les colonnes isolées qui leur servaient de points d'appui, combinaison toute nouvelle, dont il n'existait aucun exemple antérieur. Ce mode nouveau de construction qu'on a généralement attribué à l'inhabileté des constructeurs de cette époque ou à la nature des matériaux qu'ils avaient à leur disposition, devait cependant devenir le principe fondamental de l'art chrétien, principe qui se caractérise par l'*affranchissement de l'arcade*, et l'abandon du système de construction rectiligne des Grecs et des Romains.

En effet, l'arcade, qui était devenue l'élément dominant de l'architecture romaine, était cependant restée assujettie aux proportions des ordres grecs, dont l'entablement lui servait d'accompagnement obligé, et de ce mélange d'éléments si divers était né ce style mixte qui caractérise l'architecture gréco-romaine. Or, les chrétiens, en dégageant l'arcade, en abandonnant l'emploi des ordres antiques et en faisant de la colonne le support réel de l'arc, ont posé les bases d'un nouveau style, qui conduisit à l'emploi exclusif des arcs et des voûtes dans les monuments chrétiens. C'est l'église de Sainte-Sophie, à Constantinople, bâtie par Justinien au milieu du 6e siècle, qui nous offre le plus ancien exemple de ce système de construction en arcs et en voûte dans une église chrétienne de grande proportion.

Nous ne pouvons douter qu'il n'ait existé en France, comme en Italie et en Orient, des basiliques chrétiennes faites à l'imitation des basiliques antiques; mais aucun de ces édifices, que la nature même de leur construction rendait très-périssables, n'a pu parvenir jusqu'à nous.

Fortunat et Grégoire de Tours décrivent plusieurs basiliques construites à Paris, à Tours, à Clermont et dans d'autres villes de la Gaule, et, d'après ces descriptions, on peut facilement juger que ces basiliques primitives présentaient exactement la disposition des basiliques que l'on voit encore à Rome. Néanmoins les auteurs chrétiens nous apprennent que dans le nombre des premières églises il y en avait de forme circulaire. L'ancienne église de Saint-Germain-l'Auxerrois à Paris, surnommée Saint-Germain-le-Rond, en serait une preuve suffisante si l'Italie n'en présentait encore de nombreux exemples; il arriva aussi que la forme circulaire fut combinée avec les nefs rectangulaires. Le temple élevé par Perpetuus sur le tombeau de saint Martin auprès de Tours fut, dans notre pays, un exemple remarquable de cette curieuse disposition.

Style latin du 5e au 10e siècle. — Les monuments chrétiens les plus anciens que nous possédions en France ne remontent guère qu'aux 10e ou 11e siècles; le style de leur architecture dérive directement du style romain, *more romano*, ainsi qu'on le trouve exprimé dans les écrivains du temps, et c'est par cette raison que l'on peut comprendre sous la dénomination de style latin les monuments qui se trouvent appartenir à la période de siècles qui s'étend du 5e au 10e, pour faire distinction avec le style byzantin qui, à cette époque, régnait en Orient et n'avait pas encore pénétré en Occident.

Les caractères distinctifs des monuments de style latin dépendent de l'appareil, de la forme des fenêtres et des éléments de décoration. Le genre de construction adopté à cette époque était analogue à celui dont les Romains faisaient usage dans les derniers siècles de l'empire; c'était un mélange de briques et de petites pierres cubiques comme on en voit aux Thermes de Julien à Paris. La Basse-Œuvre à Beauvais, le baptistère de Saint-Jean à Poitiers et l'église de Savenières sont les principaux exemples de ce style, qui se trouve caractérisé en outre par des frontons très-obtus et des fenêtres à plein cintre généralement de petite dimension; quant à l'ornementation, elle est très-simple, et les sculptures ressemblent encore à celles de la décadence romaine, quelquefois on remarque l'emploi de pierres ou de briques de diverses couleurs disposées avec une certaine symétrie.

Il devait y avoir à cette époque un grand nombre d'églises bâties en bois, si l'on en juge par les fréquents incendies dont il est fait mention. Le style latin dut subir, pendant la durée de cinq siècles, plusieurs modifications, mais nous manquons d'éléments pour pouvoir les signaler; nous remarquons seulement que sous le règne de Charlemagne le style de l'architecture chrétienne offrait encore une grande analogie avec le style gallo-romain, ainsi qu'on peut en juger par les parties de la cathédrale d'Aix-la-Chapelle qui appartiennent à l'origine de la construction.

Toutes les églises élevées antérieurement au règne de Charlemagne n'étaient pas toutes aussi simples qu'on serait disposé à le croire; l'on peut avoir une idée de leur richesse en consultant les auteurs qui les ont décrites.

Etienne de Tournai, décrivant la basilique de Sainte-Geneviève, construite par Clovis et détruite par les Normands lorsqu'ils firent le siége de Paris, dit qu'elle était couverte de mosaïques à l'intérieur et à l'extérieur. Fortunat, poète du 6e siècle, appelle la basilique de Saint-Vincent, aujourd'hui Saint-Germain-des-Prés, bâtie par Childebert, la maison dorée de Germain; elle était décorée de mosaïques d'or, et sa couverture était en métal brillant. On sait que Dagobert fit élever l'abbaye de Saint-Denis, qui fut également décorée de marbres, de peintures et de sculptures. Saint Eloi était un artiste renommé et construisit plusieurs églises rehaussées de marbres et de mosaïques. C'est lui qui fonda la fameuse abbaye de Solignac, qui était pour ainsi dire une école d'artistes. On sait que saint Eloi fit des élèves et qu'il se livrait avec eux à des travaux d'orfévrerie.

Parmi les constructeurs de l'époque mérovingienne nous citerons encore saint Berquerre, qui fit bâtir un couvent à 20km de Reims; saint Colombans, fondateur de l'abbaye de Luxeuil; saint Martin de

Tours, qui était un excellent charpentier; sous Charlemagne, prince passionné pour l'architecture, Éginhard avait l'intendance générale des constructions; un nommé Robert fut le maître de l'œuvre d'un couvent que Charlemagne bâtit en Espagne, près de Carcassonne. Théodulfe, Engilbert, Fardulfe étaient de véritables architectes; Radgniert, qu'on trouve qualifié de *sapiens architectus*, envoyait les moines de son monastère étudier à Tours sous Alcuin, que Charlemagne avait fait venir d'Angleterre.

Les efforts tentés par Charlemagne pour faire prévaloir les principes de la civilisation romaine exercèrent une influence incontestable sur les arts, et l'architecture particulièrement, mais elle ne fut pas de longue durée; les guerres continuelles qui eurent lieu tant à l'intérieur qu'à l'extérieur, suivies des craintes qu'inspirait l'approche de l'an 1000, que l'on considérait comme devant être la dernière année du monde, s'opposèrent à l'accomplissement de cette renaissance latine.

Style roman. — Une fois que les terreurs de l'an 1000 furent dissipées et que les populations furent rassurées sur leur avenir, une ère nouvelle commença pour la chrétienté; les esprits sortirent de leur engourdissement, et de cette époque date la constitution sociale du moyen âge. L'art, suivant cette impulsion, commença à se transformer : les anciennes églises, pour la plupart couvertes ou même voûtées en bois, avaient été détruites ou brûlées pendant les guerres; il fallait les réparer ou songer à en élever de nouvelles. Mais on ne se contenta pas de remplacer les églises qui avaient pu être détruites, on n'hésitait pas à démolir celles qui semblaient trop petites ou trop pauvres pour les rebâtir, sur de nouveaux plans, plus vastes et plus belles. Voici ce que dit à ce sujet Raoul Glaber (liv. III, ch. IV) : « Près de 3 ans après l'an 1000, les églises furent renouvelées dans presque tout l'univers, surtout dans l'Italie et les Gaules, quoique la plupart fussent encore en assez bon état pour ne point exiger de réparations. » Il semblait que l'on voulût tout rajeunir; on bâtit alors de tous côtés, avec une ardeur vraiment surprenante, des monastères, des églises plus grandes et plus magnifiques que celles des siècles précédents; c'est à cette époque, c'est-à-dire au 11e siècle, qu'appartiennent en effet la plupart des églises de France, surtout celles situées entre la Loire et la Méditerranée; ce fut aussi alors que se formèrent les premières associations de constructeurs dont les abbés et les prélats faisaient eux-mêmes partie; les arts étaient cultivés dans les couvents, les églises s'élevaient sous la direction des évêques, et les moines coopéraient aux travaux de toute espèce. Quant aux ouvriers laïques, ils venaient pour la plupart de l'Italie, où les arts n'avaient jamais cessé d'être pratiqués et qui avait reçu des artistes grecs les procédés de l'art byzantin. De ce concours de circonstances il résulta une certaine uniformité dans les dispositions générales et dans le style des monuments chrétiens; mais les influences locales n'étaient pas toutefois sans effet sur le caractère et l'ordonnance des églises élevées dans les différentes provinces de France; et celles contemporaines de l'Alsace, de l'Auvergne, de la Normandie, du Poitou et de la Provence présentent dans chacune de ces contrées une physionomie particulière qui mérite d'être observée attentivement.

Dans les provinces méridionales, les monuments romains, dont un grand nombre subsistaient encore à cette époque, furent pris pendant longtemps pour modèles par les artistes chrétiens. La façade de Notre-Dame-des-Dons, à Avignon, qui fut probablement élevée au 11e siècle, est évidemment une imitation de l'architecture romaine; celles de Saint-Trophime à Arles et de Saint-Gilles près de Nîmes, se ressentent aussi du voisinage des édifices antiques qui existaient dans ces villes; on pourrait en dire autant de la cathédrale d'Angoulême. Enfin dans beaucoup d'autres villes de la France, à Vaison, à Cavaillon, etc., on voit des églises plus ou moins importantes dans lesquelles il est facile de reconnaître que certaines écoles du moyen âge restèrent long-temps sous l'influence des principes de l'architecture antique. Si du midi nous remontons vers le nord, nous retrouverons dans le portail de Saint-Remy à Reims, et dans l'ordonnance de la nef de la cathédrale d'Autun, qui sont d'une date moins ancienne, la reproduction de certaines formes bien évidemment inspirées par les monuments romains que possèdent ces deux villes. S'il s'agit maintenant de généraliser les caractères distinctifs des églises des 11e et 12e siècles, nous devrons prendre pour exemples celles qui présentent le plus d'unité dans leur ensemble et la plus grande netteté de style dans leurs détails.

Aux 11e et 12e siècles, le plan des églises d'Occident conserva la disposition primitive de la basilique latine, c'est-à-dire la forme allongée et les galeries latérales; les modifications les plus importantes furent le prolongement du chœur et des galeries au delà de la croix, la circulation établie autour de l'abside, et enfin l'adjonction des chapelles qui vinrent se grouper autour du sanctuaire. Dans la construction, les colonnes isolées de la nef sont quelquefois remplacées par des piliers; tous les vides sont cintrés en arcades, et un système général de voûtes est substitué aux plafonds et aux charpentes des anciennes basiliques latines. En un mot, l'architecture chrétienne subit en Occident, au 11e siècle, la même transformation qu'elle avait subie en Orient au 6e, seulement il importe de remarquer que les points de dissemblance qui existent entre l'Eglise d'Occident et l'Eglise d'Orient, consistent dans la disposition du plan et surtout dans l'importance des clochers. L'usage des cloches, qui ne fut que passagèrement adopté en Orient, a contribué, en effet, à donner aux églises d'Occident un caractère et une physionomie qui leur est propre et qu'elles doivent particulièrement à ces tours élevées devenues la partie essentielle de leurs façades; le clocher peut donc être considéré comme la forme symbolique de l'Eglise d'Occident, de même que la coupole est restée pendant long-temps le type caractéristique de l'Église d'Orient.

Les façades des églises romanes sont en général très-simples dans leur ensemble; elles offrent à leur partie inférieure, selon leur importance, une ou trois ouvertures; au-dessus des portes on remarque quelquefois une galerie composée de petites arcades supportées par des colonnettes, mais cette galerie est plutôt figurée que réelle; on peut supposer qu'elle fut imitée des façades des églises d'Orient, dans lesquelles le gynécée ou tribune des femmes, toujours située au premier étage, était éclairée par une suite de fenêtres contiguës. Dans les églises romanes de France, ces arcades sont ordinairement décorées de statues comme dans la façade de Notre-Dame de Poitiers. Au-dessus de cette galerie s'ouvrait *l'oculus* (l'œil), grande fenêtre circulaire destinée à éclairer la nef; plus tard, dans les églises de grande étendue, l'oculus est souvent remplacé par trois ouvertures, comme dans la façade de Saint-Etienne de Caen. Les pignons qui terminent les façades romanes sont l'expression de la couverture, dont l'inclinaison ne forme pas un angle très-aigu; ils sont décorés d'ornements peu saillants disposés en forme de losanges, de cercles, ou en imbrications comme on en voit à Notre-Dame de Poitiers, à Saint-Etienne de Beauvais, etc.

[ ] *Notre-Dame de Poitiers.*

Dans les églises des 9e et 11e siècles, les clochers commencèrent d'abord par être peu importants, comme ceux de Notre-Dame de Poitiers; mais une fois adoptés, nous les voyons grandir et s'élever triomphalement, comme dans les églises des bords du Rhin, dans l'église de Saint-Etienne à Caen, etc. Souvent il n'y avait qu'un seul clocher, et dans ce cas il était placé soit au-dessus de l'entrée, soit au centre de la croix; mais quelquefois les clochers étaient au nombre de trois, un sur la croix et un de chaque côté du portail, ou bien un sur le portail et un de chaque côté du transsept comme à Saint-Germain-des-Prés à Paris; enfin, dans certaines églises de cette époque on trouve jusqu'à quatre et cinq clochers. La décoration des clochers est analogue à celle des façades: ce sont en général des tours carrées, percées d'arcades à plein cintre, à un, deux, ou trois étages, et surmontées d'une toiture pyramidale qui s'élève souvent sur une base octogonale; cette toiture est le plus généralement construite et couverte en pierre. Le clocher de l'église de l'abbaye de Saint-Germain d'Auxerre est un des plus beaux exemples de clocher roman qu'on puisse citer; ceux de l'Abbaye-aux-Hommes, de Caen (Saint-Etienne), méritent d'être mentionnés, quoiqu'ils soient considérés comme moins anciens que la partie inférieure de la façade.

Les façades latérales des églises romanes sont de la plus grande simplicité et ne présentent pas encore cette multitude de contreforts et d'arcs-boutants qu'on remarque dans les édifices religieux d'une époque postérieure. Quelques contreforts ou pilastres peu saillants forment à peu près la seule décoration de cette partie de l'édifice; les transsepts se dessinent nettement en saillie, et sont peu décorés. Celui de Saint-Etienne, de Beauvais, mérite d'être remarqué comme exemple complet de cette partie des églises de cette époque. C'est à l'abside que l'on fit les premières applications d'arcs-boutants, mais ces exemples sont peu nombreux; lorsque les voûtes de la nef commencèrent à s'élever et nécessitèrent des arcs-boutants, on prit soin de ne pas les rendre apparents à l'extérieur, et l'on comprit qu'il était nécessaire d'abriter cette partie essentielle de la construction. A l'église de l'Abbaye-aux-Hommes à Caen, à Saint-Sernin, à Toulouse, on a su profiter de ces arcs-boutants pour couvrir le triforium situé au-dessus des collatéraux.

A l'intérieur les églises romanes, comme nous l'avons déjà vu, se composent d'une nef principale, de deux galeries ou nefs latérales; au-dessus des nefs latérales il y a souvent un triforium ou tribune, qui est une tradition des galeries supérieures de la basilique antique. Le jour pénètre par trois rangées de fenêtres: les unes s'ouvrent sur les bas-côtés de la nef; les secondes, sous la galerie ou tribune qui règne au-dessus, et les troisièmes sont percées entre les arceaux de la grande nef, au-dessus du toit du triforium. Ces fenêtres sont en général de petite dimension et sans meneaux; leur forme, comme celle de tous les arcs, est le plein cintre. Les nefs sont ordinairement voûtées en voûtes d'arêtes; mais cependant on trouve des exemples de voûtes en berceau, comme à l'église de Notre-Dame des Dons à Avignon, à celles de Chapaize en Bourgogne, de Saint-Sernin à Toulouse, de Chatel de Montagne, dans l'ancien Bourbonnais, de Saint-Georges de Bocherville en Normandie, à Notre-Dame du Port à Clermont. La voûte de l'église de Tournus, en Bourgogne, présente une disposition unique de voûte: ce sont des berceaux transversaux portant d'un arc doubleau à l'autre.

Parmi les églises romanes les plus importantes et les plus remarquables qui existent en France, outre celles déjà citées, nous ajouterons encore : Saint-Paul d'Issoire, en Auvergne; l'église de l'abbaye de Vezelay, Saint-Benoît-sur-Loire, dont un certain Bertin fut l'architecte; la cathédrale de Châlons-sur-Marne, etc.

Dans certaines églises du 11e et du 12e siècle, au centre de la croix, à la rencontre des deux voûtes, il existe quelquefois une coupole ou une construction analogue, supportée par des pendentifs ou des encorbellements de formes variées. Ces pendentifs, d'origine byzantine, sont évidemment une importation orientale due à quelques confréries d'artistes voyageurs; mais elle n'est pas parvenue à se naturaliser dans notre pays. Les églises de France dans lesquelles cette disposition particulière a été adoptée doivent donc être considérées comme faisant exception; mais elles méritent néanmoins sous ce rapport d'être étudiées avec intérêt. Le sanctuaire de l'église de Notre-Dame-des Dons, à Avignon, est surmonté d'une coupole. L'église de Souillac a deux coupoles dans la nef et une au transsept; on en voit également aux églises de Périgueux, de Notre-Dame-du-Puy en Velay, de Cahors, etc. L'église Saint-Étienne, à Nevers, dont la construction entière remonte positivement au 11e siècle, présente une nef voûtée en berceau, des bas-côtés en voûte d'arête, un triforium voûté en demi-berceau, une abside flanquée de trois chapelles en cul de four, le plein cintre partout et une coupole à huit pans au point d'intersection de la croisée. L'église de Tournus possède une coupole très-remarquable.

Sous le chœur des églises romanes, on rencontre souvent des cryptes destinées à renfermer le tombeau d'un martyr ou du patron sous l'invocation duquel l'église a été placée. Ces chapelles souterraines, qui furent une tradition des souterrains et des catacombes, sont basses et obscures; le style de leur architecture est simple et sévère, et, comme les cryptes des églises romanes sont nécessairement les parties les plus anciennes de l'édifice : c'est là qu'on peut le plus facilement retrouver les types primitifs de l'art roman. Dans les églises des bords du Rhin, les cryptes sont très-étendues; dans celles de Normandie, elles sont au contraire fort restreintes. Celle de l'église de l'Abbaye-aux-Dames, à Caen, fait exception par son importance. Dans l'église de Montmajour, près d'Arles, on voit une crypte très-étendue à laquelle on descend par un bel escalier. L'église d'Ainay, à Lyon, possède une crypte de construction fort ancienne, peut-être du 10e siècle. Mais la plus célèbre de ces cryptes, par les souvenirs qui s'y rattachent, est celle qui, dans l'église royale de Saint-Denis, est située sous le chœur et renferme les tombes des rois de France; elle est du règne de Charlemagne et conséquemment antérieure aux autres caveaux.

[ ] *Plan de Saint-Étienne de Caen.*

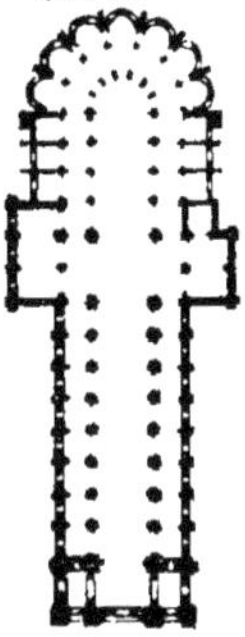

L'abside des églises romanes, qui dérive de la tribune des basiliques antiques, est généralement demi-circulaire ou à pans coupés; mais cependant quelquefois on trouve des exemples d'absides carrées, comme dans l'église de Laon. Dans d'autres églises, au contraire, les transsepts, ou bras de la croix, sont terminés à l'intérieur par une disposition demi-circulaire analogue à celle de l'abside, comme à Noyon, à Soissons, etc.

Dans les façades de quelques églises des 11e et 12e siècles, on remarque des galeries crénelées et disposées pour la défense, comme à Notre-Dame d'Étampes, à l'église abbatiale de Saint-Denis, etc.

L'ornementation des églises romanes comprend trois types différents : celui qui émane directement de l'art romain, celui qui se compose d'emprunts faits à l'art byzantin, et enfin celui qui est une sorte de mélange des deux. Mais, malgré ces variétés, il faut reconnaître que l'architecture romane conserva toujours un grand caractère d'unité résultant des principes qui lui avaient servi de base et qui, s'ils avaient pu être développés entièrement, eussent engendré un art complet.

Le style roman est donc vraiment le type primordial de l'architecture chrétienne en France, et l'église du 12e siècle peut, selon nous, être considérée comme l'expression la plus noble, la plus simple et la plus sévère du temple chrétien.

Style de transition. — Entre le style de l'architecture du 12e siècle, dont le signe distinctif était encore l'arc plein cintre, et le style de l'architecture du 13e siècle, qui est caractérisé par l'emploi exclusif de l'arc ogival, il faut reconnaître une période de transition dans laquelle l'ogive et le plein cintre se mêlent et se marient de manière à faire pressentir la révolution prochaine qui est sur le point de s'opérer dans l'architecture chrétienne.

Dans les églises de l'époque de transition, le chœur prend déjà plus d'importance en raison des cérémonies qui deviennent plus pompeuses, et la forme de la croix latine commence à s'altérer; les chapelles secondaires deviennent plus nombreuses, et la forme carrée remplace la forme polygonale des chapelles romanes. Si les constructions acquièrent plus de perfection en raison d'une exécution matérielle plus soignée, elles s'éloignent de plus en plus de l'unité et de la sévérité qui caractérisent les édifices de l'époque antérieure; le nombre et le volume des cloches augmentant, l'emplacement et l'importance des clochers augmentent aussi; à l'intérieur, les orgues, qui s'étaient perfectionnées et avaient acquis plus de volume, motivèrent près de l'entrée des constructions importantes.

Nous considérerons comme appartenant à l'époque de transition l'église de Saint-Remy, à Reims, celles de Laon, de Noyon, de Saint-Denis, de Saint-Nicolas, à Blois, la cathédrale de Châlons-sur-Marne, l'église de Jumiéges, etc.

Ce fut surtout dans le nord de la France que le type roman commença à se modifier et que l'ogive prévalut d'abord; dans le midi et dans le sud-ouest, au contraire, les formes latine et byzantine persistèrent, et les édifices ogivaux y sont en très-petit nombre. Il y a cependant lieu de citer quelques exceptions : ainsi à Narbonne, à Clermont, à Toulouse, à Carcassonne, à Montpellier, etc., on voit des églises gothiques très-importantes; de même que, dans le nord, il existe aussi des églises romanes très-remarquables. A Paris, nous avons Saint-Germain-des-Prés et l'abside de l'église de l'abbaye Saint-Martin-des-Champs. On voit dans plusieurs parties de la Normandie des églises de style roman; celles de Caen sont justement célèbres.

Les deux grandes divisions qu'on a établies en France pour le langage, la langue d'*oïl* et la langue d'*oc*, pourraient presque être admises dans l'architecture du moyen âge : en effet, les pays au midi de la Loire sont ceux dans lesquels domine le style roman; ceux au nord, au contraire, ceux dans lesquels le style ogival a atteint son plus grand développement. Il faut donc d'après cela reconnaître que les mêmes influences qui avaient maintenu dans la langue romane ou langue d'oc des éléments plus nombreux de l'idiome latin, avaient fait prévaloir et conserver dans l'architecture romane certaines formes de l'architecture antique. Mais, tout en admettant ces deux grandes divisions, il faut remarquer que les différentes provinces de France formaient diverses écoles qui avaient chacune leur style particulier. Ainsi la Normandie, l'Ile-de-France, la Bourgogne, l'Auvergne, la Provence, le Périgord, le Limousin, etc., possèdent des monuments très-différents les uns des autres.

Les églises d'Auvergne sont remarquables par l'emploi de pierres colorées et de terres cuites combinées de différentes manières; l'église d'Issoire est un exemple remarquable de ce genre d'ornementation.

§ 4. *Style ogival ou gothique.*

Aperçu général.—Nous voici parvenus à cette époque de notre histoire où l'arc plein cintre, qui pendant mille à douze cents ans avait eu le privilége de régner dans tous les édifices chrétiens, est entièrement détrôné par l'arc ogival ou aigu. Quant à la raison de cette préférence accordée à l'arc ogival, on ne peut, selon nous, la trouver que dans ce besoin de liberté illimitée vers laquelle tendait incessamment l'art chrétien. L'architecture ogivale caractérise l'époque romantique du christianisme; c'est un art qui tend à se soustraire à l'autorité tyrannique de l'Église pour s'abandonner au sentiment de l'infini. M. Vitet a parfaitement défini les caractères de l'architecture ogivale lorsqu'il a dit : « Son principe est dans l'é» mancipation, dans la liberté, dans l'es» prit d'association et de commune, dans » des sentiments tout indigènes et tout na» tionaux; elle est bourgeoise, et de plus » elle est française, anglaise, teutonique, » etc. L'autre, au contraire (l'architecture » romane), est exotique et sacerdotale : » elle naît du dogme et non du sol, de la » foi, et non des mœurs; elle règne par » droit de conquête ecclésiastique; elle » n'a d'autres principes, d'autres racines » que l'Église et les canons. Aussi les ar» chitectes, qui sont-ils? ici des moines, » rien que des moines ou des gens d'église; » là des laïques, des francs-maçons. »

Le plein cintre, c'est la forme déterminée et invariable; l'ogive, c'est la forme libre, indéfinie et qui se prête à des modifications sans limites. Si donc le style ogival n'a plus l'austérité du style roman, c'est qu'il appartient à cette deuxième phase de toute civilisation, celle dans laquelle l'élégance et la richesse remplacent la force et la sévérité des types primordiaux; c'est, en général, cette transformation qui caractérise le principe d'une décadence prochaine, et celle de l'art chrétien fut la conséquence de l'altération du type roman.

Au 13e siècle, commencent à apparaître les architectes laïques, organisés en confréries voyageant d'un pays à l'autre et transmettant ainsi les types traditionnels ; il en résultait que des monuments élevés à de très-grandes distances les uns des autres offraient une frappante analogie et souvent même une complète similitude. La France est plus riche qu'aucun autre pays en beaux monuments du 13e siècle, et Notre-Dame de Paris, Notre-Dame de Chartres, la Sainte-Chapelle, les cathédrales d'Amiens et de Reims, celles de Strasbourg, de Sens, de Bourges, de Coutances, etc., sont des églises de style ogival auxquelles aucune église d'Allemagne, d'Angleterre ou d'Italie ne saurait être comparée. Mais, avant d'entreprendre l'examen détaillé des monuments de cette brillante période du moyen âge, il importe de nous arrêter et de chercher à analyser les causes qui produisirent la substitution du style ogival au style plein cintre ou roman.

Origine de l'ogive. — L'ogive, considérée comme forme isolée, existe dans les constructions de la plus haute antiquité ; on en trouve des exemples divers soit dans l'Inde, soit en Égypte, soit dans l'Asie-Mineure, en Italie et même au Mexique. Et nous ne devons pas nous en étonner ; car ce mode de construction, composé de deux courbes qui se rencontrent, dut bien certainement, dans l'ordre des connaissances humaines, précéder la construction du cintre parfait, ou *plein cintre*, qui, composé d'un seul arc de cercle, est une combinaison bien plus avancée des efforts de la science.

Le linteau horizontal porté sur deux points d'appui plus ou moins distants est le principe naturel de l'art de construire, ainsi que nous avons déjà eu occasion de l'exposer en parlant des monuments celtiques. Or nous voyons dans les constructions primitives que lorsqu'on a voulu éloigner les points de support, on a cherché à diminuer l'étendue de la portée par des pierres placées en encorbellement, et qu'enfin lorsqu'on a voulu suppléer aux linteaux, qui exigent des pierres de grande dimension et ne présentent pas toujours une résistance suffisante, on a, par une succession d'assises de pierres en surplomb les unes sur les autres, formé forcément une ogive, comme on le voit à une porte pélasgique des murs de la ville d'Arpino, dans le Latium. Si de la construction de pierre nous passons à la construction de bois, nous reconnaîtrons de même qu'avant d'arriver à composer un cintre parfait avec des pièces de charpente, il dut être bien plus naturel et plus facile de former une ogive, comme cela a lieu dans les pignons des anciennes maisons de bois, et, s'il nous était donné de connaître les formes des voûtes de certaines églises des premiers siècles de la chrétienté que nous savons avoir été en bois, peut-être serions-nous bien étonnés de voir qu'elles étaient alors de forme ogivale et que de ce système de construction a bien pu naître le système de nervures sur les arêtes des voûtes, dont celles de pierres ne seraient, en admettant cette hypothèse, qu'une véritable traduction.

Il est donc incontestable que, comme forme isolée, l'ogive a pu et dû précéder l'arc appareillé en demi-cercle ; et, si par l'analyse on est arrivé à reconnaître qu'un arc aigu exerce réellement une moindre poussée qu'un arc plein-cintre, ce ne dut être qu'après avoir fait simultanément l'emploi de l'un et de l'autre sans d'abord s'être rendu compte de leurs propriétés. En fait d'art, le sentiment précède toujours le calcul, le génie trouve, invente ou adopte une forme de prime abord, par instinct : l'esprit et le jugement l'analysent ensuite pour la rectifier, la compléter, ou l'appliquer à propos, selon que le goût la sanctionne ou la répudie. Nous ne saurions donc admettre que la forme ogivale, ni par conséquent l'ensemble du système ogival, doive son origine à la science.

Nous avons déjà expliqué comment et à quelle époque l'arcade devint l'élément constitutif et distinctif de l'architecture chrétienne ; comment, dans l'art chrétien, l'arcade, libérée et affranchie du joug que les Romains lui avaient imposé, put être modifiée dans son contour et dans ses proportions. Nous avons vu, de plus, que le système de construction en arcade, substitué exclusivement à tout autre, produisit plus tard celui des constructions en voûte dans toutes les parties des édifices religieux ; or, ce mode général de construction en arcade et en voûte, n'étant assujetti à aucune règle, subit promptement la conséquence de l'entière liberté qu'on lui avait laissée ; et l'arcade, affranchie, fut bientôt déformée, soit d'abord par le surhaussement ou par le resserrement de son cintre, soit, au contraire, par son aplatissement en forme d'anse de panier, soit enfin par la brisure de sa courbe ; et ce système d'architecture, qui eût pu se développer dans ses données premières, fut entraîné dans une voie nouvelle dont l'ogive fut le résultat final.

La répétition multipliée et constante des formes curvilignes dut amener l'idée et quelquefois même la nécessité de les varier, et l'ogive fut probablement une des combinaisons auxquelles ce besoin de variété donna lieu. Il est permis de croire, en effet, que pendant long-temps ce fut ainsi qu'elle fut employée ; car dans les monuments de transition, c'est-à-dire dans ceux où l'on rencontre à la fois le plein-cintre et l'ogive, cette dernière apparaît indistinctement, tantôt au-dessous, tantôt au-dessus d'un plein cintre ; quelquefois enfin, et cette dernière remarque nous paraît concluante, l'ogive se trouve employée simultanément avec le plein-cintre dans les mêmes conditions; mais là où, les points d'appui se resserrant, comme dans le cercle des absides, on désirait atteindre la même hauteur avec des arcs de largeur inégale, ainsi qu'on en voit un exemple au chœur de Saint-Germain-des-Prés à Paris et à celui de l'église de Saint-Eustache, élevée cependant 400 ans plus tard, sous l'influence de principes tout différents. De plus l'arc brisé s'inscrivait à merveille dans le triangle aigu des pignons gothiques; et l'on comprend, en outre, combien l'ogive, par la faculté qu'on avait d'en varier la forme, se prêtait admirablement à la réunion de points d'appui inégalement distants, comme dans le portail de l'église de Cefalu en Sicile, dans le porche de la Sainte-Chapelle, et dans celui plus moderne de Saint-Germain-l'Auxerrois à Paris, etc. Enfin, il faut le reconnaître, dans les édifices de l'époque de transition il est à peu près impossible de discerner des cas dans lesquels l'emploi de l'arc ogival ait été réellement motivé par une raison incontestable de plus grande solidité. Dans certains monuments du commencement même du 13e siècle la brisure de l'arc de cercle est encore si peu sensible que l'œil le mieux exercé peut souvent s'y tromper. Dans l'église de Saint-Nicolas à Blois il y a des ogives qu'on prendrait de prime abord pour des pleins cintres; la brisure des grands arcs du premier étage des tours de Notre-Dame de Paris est à peine reconnaissable. Est-ce donc ainsi qu'on eût procédé si l'on eût adopté l'arc ogival ou brisé comme offrant plus de solidité? N'eût-il pas été naturel d'adopter de prime abord l'arc le plus aigu, c'est-à-dire celui dont la forme est si désagréable qu'elle n'a jamais prévalu? Outre que l'ogive nous semble avoir été un produit du système de construction curviligne resté entièrement libre, une des transformations de l'architecture dont le principe était l'arc et la voûte, son adoption exclusive ne doit-elle pas être, en outre, considérée comme une conséquence de cette tendance graduelle des artistes chrétiens vers l'effet ascensionnel de leurs édifices, effet qu'ils voulaient obtenir par tous les moyens possibles et auquel ils croyaient ne devoir jamais mettre de bornes.

L'ogive, comme variété du genre de construction en voûte, dut donc se produire par la même cause, quoique à des époques différentes, dans tous les pays où le même système de construction était adopté, graduellement, timidement d'abord et concurremment avec le plein cintre, jusqu'à ce qu'enfin on lui donnât définitivement la préférence. Mais, en analysant les différents monuments du style ogival, il est vraiment impossible d'admettre que l'architecture ogivale ou gothique puisse être considérée comme une invention et qu'elle ait été importée toute faite, toute constituée, soit d'un pays, soit d'un autre. Qu'on explique, de plus, la substitution du style ogival au style plein cintre par l'intervention des constructeurs laïques succédant aux constructeurs ecclésiastiques, ainsi que l'a fait avec une grande autorité un de nos archéologues les plus distingués dans une savante dissertation sur Notre-Dame de Noyon, cela ne fait que fortifier notre opinion; et nous admettons parfaitement que la transformation importante qui s'opéra au 13e siècle dans l'architecture chrétienne dut être une conséquence de celles qui commençaient à s'accomplir dans la constitution et l'esprit de la société du moyen âge.

Églises gothiques. — L'église du 13e siècle conserve dans sa disposition générale une grande similitude avec les églises de l'époque précédente, seulement elle acquiert plus d'importance encore : le chœur s'agrandit aux dépens de la nef, les chapelles se multiplient et s'étendent dans la longueur des collatéraux, et quelquefois même les bas-côtés se doublent; l'adjonction des chapelles sur les côtés de la nef fut un moyen d'augmenter la base des arcs-boutants destinés à soutenir la poussée des voûtes. Quant aux formes de la construction, elles dérivent toutes de l'arc ogival, qui se reproduit dans tous les vides et sur toutes les surfaces. Dans les façades, les pignons des églises romanes disparaissent entièrement derrière les doubles galeries qui servent de jonction entre les tours; les clochers deviennent de plus en plus importants, et leurs flèches pyramidales s'élèvent dans les airs à une prodigieuse hauteur; de plus, le comble de la nef était souvent surmonté de flèches en charpente : celles de Reims et d'Amiens subsistent encore, celles de la Sainte-Chapelle et de Notre-Dame de Paris ont été détruites. Les ouvertures des fenêtres étant devenues plus vastes, elles furent divisées par des meneaux de pierre. Au 13e siècle, les meneaux sont toujours simples, ils ne présentent d'autre forme que celle de l'ogive pure et quelques com-

[ ] *Plan de la cathédrale d'Amiens.*

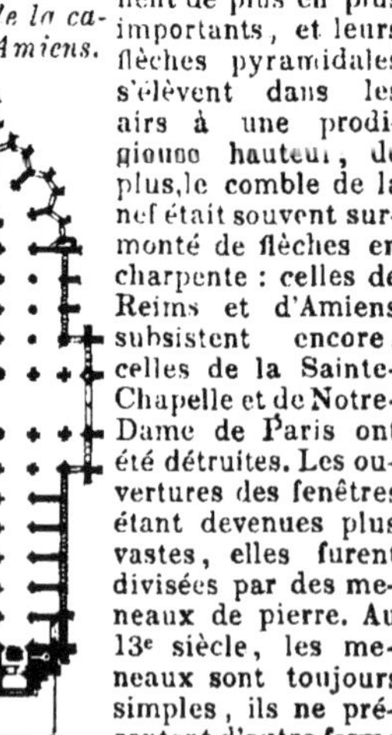

binaisons du cercle. A l'extérieur, sur les faces latérales et autour de l'abside, les arcs-boutants destinés à maintenir la butée des voûtes acquièrent un grand volume par suite de l'élévation toujours croissante donnée à la nef. Ce système d'arcs-boutants multipliés, qui joue un si grand rôle à l'extérieur des églises gothiques, passe aux yeux de certaines personnes pour une savante combinaison, et sont considérés comme le résultat d'une science avancée, tandis que pour d'autres ils représentent de véritables étais dont on n'a pas osé dégager l'édifice. Quelque opinion qu'on puisse émettre à cet égard, il est certain, toutefois, qu'il eût été impossible d'obtenir la hauteur prodigieuse des nefs, le peu de volume des points d'appui intérieurs et les grands vides des fenêtres, sans recourir à ces moyens de consolidation extérieure. Il faut donc forcément en conclure que les constructeurs ou artistes du 13e siècle se préoccupaient presque exclusivement de l'effet intérieur des églises, et préféraient rejeter au dehors toutes les masses de constructions indispensables à la solidité de l'ensemble. Nous croyons à propos de faire observer, à ce sujet, tout ce qu'un tel système avait de vicieux et dans son principe et dans ses conséquences. Comment, en effet, admettre que les éléments essentiels de la solidité d'un édifice puissent être ainsi rejetés à l'extérieur et exposés nécessairement à toutes les chances de destruction? Plus prudents en cela que leurs successeurs, les constructeurs du 12e siècle avaient parfaitement compris la nécessité d'abriter les arcs-boutants en les comprenant sous le toit du triforium, comme on le voit, entre autres exemples, à l'église de Saint-Étienne (Abbaye-aux-Hommes) à Caen, à Saint-Sernin de Toulouse, etc.

Mais, pour qui pénètre dans l'intérieur de ces vastes cathédrales du 13e siècle, ces supports élancés s'élevant du sol jusqu'aux voûtes, la sombre et mystérieuse profondeur des galeries, la riche décoration des chapelles, l'éclat de ces verrières diaprées, ne peuvent manquer de produire un effet merveilleux, en présence duquel on reste saisi d'admiration : c'est bien là, en effet, le temple chrétien dans tout son éclat, répondant par sa grandeur et sa magnificence à ce sentiment de l'infini auquel s'abandonnaient avec enthousiasme les constructeurs du moyen âge.

L'ornementation des églises du 13e siècles a un caractère bien particulier et qui diffère essentiellement de celle des églises des siècles précédents; elle emprunte tous ses motifs à la flore indigène : les feuilles de chêne, de houx, de chardon, etc., en font tous les frais.

Nous n'entreprendrons pas d'entrer ici dans tous les détails que comporterait l'étude approfondie de la décoration intérieure des églises chrétiennes des 13e et 14e siècles; il nous faudrait décrire ces belles stalles en bois sculpté qui garnissaient le chœur, les pierres sépulcrales qui en composaient le pavement, les chaires, les jubés, etc. Seulement nous nous contenterons de citer, parmi les beaux ouvrages de ce genre, la chaire de Strasbourg, la clôture du chœur et les stalles d'Amiens, celles de l'église d'Albi, le jubé de Troyes, etc.

[ ] *Façade de la cathédrale de Reims.*

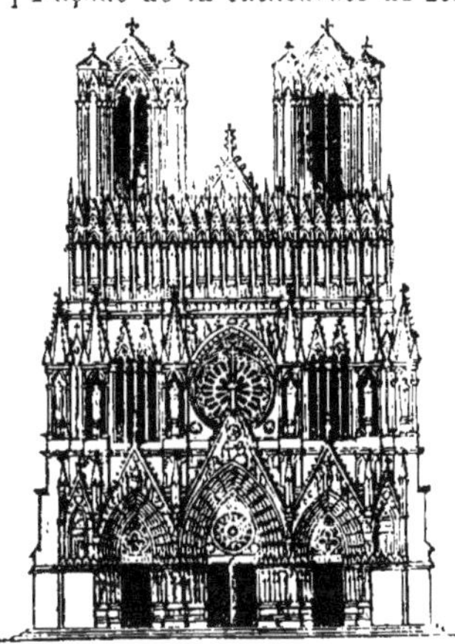

La peinture ornementale contribua aussi à enrichir les édifices chrétiens. Des feuillages, des fleurs, des oiseaux ou des dessins de fantaisie étaient figurés sur le fût des colonnes et sur les murailles; c'est ainsi qu'on suppléait aux marbres précieux et aux éclatantes mosaïques des églises d'Orient. Les couleurs les plus vives et la dorure étaient aussi appliquées à la sculpture, et venaient lui prêter leur concours pour compléter l'effet et l'expression que la forme seule de la plastique eût été alors impuissante à produire. De nombreux exemples de bas-reliefs ou de figures en pierre ou en bois, peints et dorés, ont survécu à toutes les destructions : les bas reliefs du chœur de Notre-Dame récemment nettoyés, et les figures d'apôtres de la Sainte-Chapelle, complétement restaurées, peuvent donner une idée de ce genre de coloration appliqué à la statuaire.

En résumé, l'église du 13e siècle, dans son ensemble, peut être considérée comme l'expression la plus pompeuse de l'architecture chrétienne. Le même système de construction est parfaitement suivi dans toutes les parties, et de plus, il faut le reconnaître, elle offre une certaine unité de style qu'on trouve rarement dans les églises des siècles précédents. Mais cependant, tout en reconnaissant que des lois communes ont pu régir les constructeurs de cette époque, nous devons l'avouer, nous ne sommes pas convaincus que l'architecture ogivale ait jamais été basée sur des principes fixes et déterminés ; nous croyons, au contraire, qu'elle fut la conséquence d'un principe unique et absolu, celui d'une liberté illimitée. Le propre de l'arc brisé, devenu le type caractéristique de l'architecture chrétienne à partir du 13e siècle, n'est-il pas de se prêter précisément à une déformation continuelle, et cette facilité de modifier la forme des vides n'existait-elle pas aussi pour les points d'appui?

Quant à cette prétendue hardiesse tant vantée des constructeurs du moyen âge, elle nous semble très-contestable; leur science se borne réellement à avoir su profiter des leçons de l'expérience, et à n'avoir reculé devant aucun moyen pour assurer la solidité de leurs constructions.

En effet, une fois en possession de l'ogive, de cette prétendue conquête de la science, quel fruit les architectes du 13e siècle en ont-ils su tirer? quels nouveaux efforts ont-ils tentés? Il eût été naturel de croire qu'à l'aide de ces arcs plus puissants ils auraient essayé de franchir de plus grands espaces, de manière à distancer les points d'appui et à en diminuer le nombre; mais il n'en est rien, cette recherche de la diminution des points d'appui ne les préoccupe aucunement; les yeux sans cesse levés vers le ciel, ils ne songent qu'à atteindre à une hauteur démesurée. Les travées de leurs nefs ne s'élargissent pas, elles s'allongent; leurs points d'appui non-seulement ne deviennent pas plus rares, mais, quelque effort qu'on fasse pour leur donner une apparence de légèreté, ils deviennent réellement plus volumineux; et ce n'est qu'au 15e siècle, comme à Saint-Ouen de Rouen, par exemple, qu'on essaie de les amoindrir.

[ ] *Travée de Notre-Dame de Paris.*

L'emploi de l'ogive n'a donc eu d'autre résultat que l'augmentation toujours croissante de la hauteur des voûtes, qu'il fallait forcément maintenir à l'aide d'arcs-boutants, et le plan des églises gothiques, quant à la disposition des points d'appui, est resté exactement le même que celui des basiliques primitives, bien que celles-ci fussent couvertes de simples charpentes, et que celles-là fussent entièrement voûtées. En un mot, les points d'appui multipliés et les travées étroites des églises gothiques sont loin de résoudre ce problème de la science de la construction, qui consiste à pouvoir couvrir un espace donné avec le moins de points d'appui possibles. C'est celui que les anciens s'étaient sans doute proposé dans la construction de la basilique de Constantin à Rome et dans leurs grandes salles de thermes avec l'arc plein cintre. C'est celui qu'Arnolfo di Lapo et Brunellesco ont résolu dans la cathédrale de Florence avec l'arc brisé. On comprend alors tout le parti qu'on peut tirer de la construction en voûte; et, il faut le dire hautement, il y a une plus juste entente de la construction et plus d'art dans la basilique de Constantin et dans la cathédrale de Florence que dans aucune église gothique. Ce sont véritablement là des œuvres de génie qu'on peut hardiment proposer pour modèles.

Nous avons vu que la France possédait les plus beaux monuments gothiques; on ne sera donc pas surpris que ses architectes aient été appelés dans tous les pays de l'Europe : Lanfranc et Guillaume de Sens ont coopéré à la construction de la cathédrale de Cantorbéry; Pierre de Bonneuil obtint du prévôt de Paris la permission de partir avec plusieurs de ses élèves pour aller en Suède bâtir la cathédrale d'Upsal en 1258; maître Jean éleva, au 13e siècle, la cathédrale d'Utrecht; maître Hardoin fut l'architecte de l'église de Sainte-Pétronne à Bologne, commencée en 1300 et restée inachevée; plusieurs artistes français ont travaillé à la cathédrale de Milan : ce fut un nommé Richard Taurigny, de Rouen, qui sculpta les stalles, ainsi que celles de Sainte-Justine de Padoue. Parmi les architectes célèbres du moyen âge dont s'honore la France, nous devons citer encore Eudes de Montreuil, architecte de Sainte-Catherine-du-Val-des-Ecoliers, de Sainte-Croix-de-la-Bretonnerie, des Blancs-Manteaux, des Chartreux, des Cordeliers, etc.; Jean de Chelles, auteur du portail méridional de Notre-Dame de Paris; Robert de Luzarche et Thomas de Cormont, architectes de la cathédrale d'Amiens; Robert de Coucy et Jean d'Orbais, de la cathédrale de Reims; Jean Langlois, de Saint-Urbain de Troyes; Erwin de Steinbach, de la cathédrale de Strasbourg; Enguerrand-le-Riche, de

Saint-Pierre de Beauvais; Jean Cormier, du porche méridional de Chartres, etc.

Décadence de l'art chrétien.— Après le développement qu'avait atteint l'art chrétien dans les églises des 13e et 14e siècles, la décadence commença à se faire sentir; la simplicité des formes fut sacrifiée pour satisfaire aux caprices d'un goût moins sévère, et la licence s'introduisit rapidement dans une architecture qui ne nous paraît pas avoir jamais été enchaînée par aucune règle. Au nom de quel principe, en effet, eût-on pu dire aux artistes du 14e siècle: « C'est là qu'il faut vous arrêter? » Était-ce l'ogive équilatérale qui devait être la seule, la véritable forme de leurs arcs? Mais cet arc brisé, dont la base était encore égale à la hauteur, n'était évidemment pour eux qu'une sorte de transition entre le plein cintre et l'arc véritablement aigu, qu'ils n'avaient pas osé adopter de prime abord, tant il est vrai que les transformations de l'architecture se font toujours graduellement. Mais, de plus, l'adoption de l'ogive étant motivée par la facilité qu'elle donnait de modifier la forme des vides selon leurs différentes situations, on ne pouvait renoncer à cet avantage. Est-ce donc dans la forme ou dans la proportion des points d'appui qu'il faudrait chercher la prosodie de l'architecture chrétienne? mais cette forme et cette proportion varient sans cesse, non pas seulement dans des édifices divers, mais dans un seul et même édifice; et nous ne sachons pas qu'on ait découvert un rapport soit entre les pleins et les vides d'une construction ogivale, soit entre la largeur et la hauteur de ces mêmes vides. Nous ferons remarquer, d'ailleurs, que ce rapport, s'il existe, peut être sensiblement modifié sans que l'œil en soit facilement frappé dans un sens ou dans un autre. Comment donc s'étonner, après cela, que l'architecture ogivale n'ait eu qu'un éclat passager et soit entrée si promptement dans une voie de corruption.

Églises du 15e siècle. — Au 15e siècle, la disposition générale des églises reste la même tant à l'extérieur qu'à l'intérieur; mais le style de leur architecture se modifie sensiblement: les ornements de tout genre se multiplient, les meneaux des fenêtres se contournent de mille façons, le goût des broderies et des découpures sculptées va toujours croissant. Dans les façades, les masses de la construction disparaissent sous les dentelles de pierre dont elles sont couvertes. Les clochers conservent la même importance; mais les formes polygonales commencent à remplacer les formes carrées et plus sévères des siècles précédents; leur sommet est souvent décoré de pinacles isolés, de pyramides ou de couronnes découpées à jour, comme au plus moderne des clochers de Chartres, dont Jean Texier fut l'architecte, ou à celui de Saint-Ouen à Rouen; mais le changement le plus remarquable qu'il faut observer dans les églises de la fin du quinzième siècle, c'est la suppression de toute apparence de colonnes, soit comme point d'appui, soit comme décoration. On comprend, en effet, que cette suppression ait été la conséquence du principe vertical poussé dans ses dernières limites. A quoi bon, a-t-on dû se dire, ces colonnes allongées indéfiniment ou réunies en faisceaux! Pourquoi ces chapiteaux et ces bases, qui ne sont que des points d'interruption de la ligne verticale? N'est-il pas plus simple et plus naturel que ces lignes s'élèvent du sol jusqu'au faîte de l'édifice, qu'elles se marient et se confondent avec les courbes des arcs ogivaux, et que ceux-ci, pour contribuer à cet effet ascensionnel, deviennent aussi allongés que possible? Le principe de construction du style vertical n'est donc effectivement pas dénaturé; on pourrait tout au plus dire qu'il est développé avec exagération. D'où vient donc alors que l'architecture du 15e siècle est considérée comme étant en décadence? C'est à ceux qui croient avoir découvert les principes et les règles de l'architecture du 13e siècle à résoudre cette question; quant à nous, si nous admettions que l'architecture ogivale du 13e siècle était bien réellement parvenue à se constituer comme art, nous ne pourrions qu'être très-surpris qu'ainsi constituée et basée sur des principes fondamentaux, cette architecture n'ait pu résister à cette prompte corruption qui commence à se manifester à la fin même de ce siècle, témoin de son plus grand éclat.

[ ] *Travée de Saint-Ouen de Rouen.*

Pour donner une idée des opinions généralement admises quand il s'agit de classer les monuments de style ogival, nous dirons que Chartres, Notre-Dame de Paris, la Sainte-Chapelle sont considérées comme les chefs-d'œuvre de ce style; que les cathédrales de Reims et d'Amiens sont déjà dans certaines parties moins parfaites, et que Saint-Ouen, la cathédrale de Rouen, et tous les monuments du 15e siècle appartiennent au commencement de la décadence, qui se trouve accomplie au 16e. C'est dans cette dernière période ogivale surtout que le caprice et la fantaisie ne connurent plus de bornes, et que l'on créa ce style corrompu auquel on donna le nom caractéristique de *gothique fleuri ou style flamboyant.*

Or, que résulte t-il de cette classification généralement admise? C'est que la période considérée comme la plus florissante de l'architecture gothique, celle dont le style est regardé comme le plus près de la perfection, est précisément celle qui touche à l'époque romane; que les églises gothiques les plus estimées sont précisément celles qui, dans leur disposition, leur construction et leur décoration, se rapprochent le plus des églises romanes : Notre-Dame de Paris, par exemple, qui passe avec raison pour une des plus belles églises ogivales; Notre-Dame telle qu'elle avait été conçue primitivement, c'est-à-dire dégagée des adjonctions postérieures qui y ont été faites, et surtout des parties qui datent du 14e siècle, est à peu de chose près une église romane. Ainsi donc, les plus belles églises de style ogival ne sont belles qu'à la condition de conserver les principes romans : d'où il faut conclure que ces principes étaient plus justes, plus simples et plus vrais que ceux de l'architecture ogivale, même celle du 13e siècle, qui déjà renferme en elle un germe d'altération. On voit, à ce compte-là, combien le nombre des édifices de la belle époque gothique se trouve restreint; on voit que le style ogival n'a brillé tout au plus que pendant deux siècles et demi, tandis que le style plein-cintre, qui a commencé avec le triomphe du christianisme, a duré 6 ou 7 siècles. On n'a pas craint cependant de répéter bien souvent que l'architecture romane était une architecture de décadence; or, il est plus juste, ce nous semble, de considérer l'art roman comme un art qui resta long-temps dans son enfance, et parvint à son époque de décadence, c'est-à-dire au gothique, avant d'avoir atteint le développement et la perfection dont il était susceptible.

C'est malheureusement trop souvent par le goût, la forme et l'exécution des détails de l'architecture qu'on juge du degré de mérite d'un édifice, et qu'on arrive à le classer soit antérieurement, soit postérieurement à l'époque considérée comme celle de la décadence. Essayez donc par exemple de faire comprendre à la masse du public que Saint-Ouen de Rouen est en décadence sur Notre Dame de Paris : chacun vous répondra, et de bonne foi, que l'intérieur de Saint-Ouen lui fait au moins autant d'effet, autant de plaisir que l'intérieur de Notre-Dame ou de Chartres, etc., et on aura raison. C'est qu'en architecture l'effet ne résulte pas de la forme et de la perfection des détails, ni même des éléments accessoires de la construction, mais bien du rapport qui existe entre les pleins et les vides, de la proportion établie entre la largeur et la hauteur d'un vaisseau et de plus de la combinaison des lignes horizontales et verticales dont se compose l'ossature de l'édifice; tels sont les éléments avec lesquels l'architecte doit produire une harmonie plus ou moins puissante, plus ou moins parfaite. Dressez les colonnes les plus élégantes, cintrez des arcs ou plein cintre ou aigus, élevez des voûtes à une hauteur prodigieuse, prodiguez les profils les plus purs, les sculptures ou les peintures les plus belles; si le rapport des pleins et des vides est faux, si les proportions de l'ensemble sont mauvaises, vous ne produirez aucun effet. Ainsi, dans Saint-Ouen, l'on aura beau critiquer la maigreur des colonnettes, le peu d'énergie des sculptures, le trop grand vide des fenêtres, les formes contournées des meneaux, etc., on ne pourra pas faire que ce ne soit un magnifique vaisseau, bien charpenté, heureusement divisé, dans lequel vides et points d'appui se trouvent dans un rapport très-heureux et qui satisfait tout d'abord. Si, cependant, l'on compare la travée de Notre-Dame de Paris, pag. 2147 avec celle de Saint-Ouen, page 2150, on remarquera dans celle-ci moins de simplicité que dans celle-là; et, de plus, on pourra observer que dans la construction des voûtes de Notre-Dame on avait mieux conçu le principe de la voûte d'arête en embrassant deux travées à la fois dans un même cintre; principe qui, s'il eût été développé comme dans les salles romaines, eût permis d'arriver à une combinaison toute autre des points d'appui.

§ 5. *Édifices divers du moyen âge.*

Il faut forcément reconnaître que l'art du moyen âge se résume tout entier dans les églises et dans les couvents; c'était un art purement religieux, et, avant le 15e siècle, on pouvait presque dire qu'il n'y avait réellement pas d'architecture civile en France. Dans les couvents et les abbayes, l'architecture des cloîtres, des salles capitulaires, etc., n'était qu'un reflet de celle des églises : lorsque le style roman dominait, les couvents étaient romans; lorsque le style ogival prévalut, ils furent gothiques. La modulation de l'architecture gothique était fort restreinte, et il n'eut pas été donné à cette architecture de satisfaire aux besoins complexes et multiples d'une civilisation plus avancée.

Couvents. — Les fréquentes dévastations des Normands n'ont laissé subsister en France aucun des couvents de la primitive Église, et les plus anciens ne remontent guère au delà du 11e siècle. Comme exemples du style d'architecture des couvents de cette époque, nous citerons les cloîtres de Saint-Georges, de Bocherville, en Normandie, celui de Saint-Trophime, à Arles, dont une partie appartient au 13e siècle; celui de Saint-Sauveur, à Aix; et enfin le beau cloitre de Moissac, dans lequel, bien que l'ogive commence à apparaître, on remarque encore dans les ornements tous les caractères du style byzantin. Au 13e siècle, le style ogival s'introduisit dans l'architecture des cloîtres, qui acquirent alors plus d'importance et de richesse. Les réfectoires étaient aussi une partie des couvents dans laquelle les architectes du moyen âge apportaient une grande recherche. Celui de Saint-Germain-des-Prés eut une grande réputation; il était l'œuvre de Pierre de Montereau, architecte de la Sainte-Chapelle, auquel est dû également celui de l'abbaye Saint-Martin, qui existe encore et fait aujourd'hui partie du Conservatoire des arts et métiers : c'est un précieux spécimen d'architecture du 13e siècle qui mérite de fixer l'attention. Les plus célèbres abbayes qui aient existé en France sont la fameuse abbaye de Cluny, le plus grand couvent de l'ordre des bénédictins, bâtie au 12e siècle par Hezelon; l'abbaye de Clairvaux, celle de Saint-Remy, à Reims; l'abbaye si renommée de Saint-Victor, à Paris; l'abbaye de Saint-Denis, et enfin le fameux couvent de Saint-Ouen, à Rouen, le plus ancien de toute la Normandie. Au 14e et surtout au 15e siècle, on commença à vitrer les galeries des cloîtres, comme au cloître de Saint-Jean-des-Vignes, à Soissons, à celui de Saint-Wandrille, etc.

Constructions militaires, châteaux. — Dans les constructions militaires, telles que les enceintes des villes, les portes, les châteaux-forts, etc., le moyen âge resta bien loin des Romains, dont il n'avait su ni conserver, ni imiter les admirables constructions. — Les châteaux des seigneurs les plus riches et les plus puissants consistaient en bâtiments irréguliers, incommodes, percés de fenêtres rares et étroites, renfermés dans une ou deux enceintes fortifiées et entourées de fossés; le donjon, grosse tour élevée, occupait ordinairement le centre, et des tours plus ou moins nombreuses flanquaient les murailles et servaient à la défense. La ville d'Avignon, avec ses remparts, son palais des papes et quelques anciennes tours féodales, offre la physionomie presque complète des villes du moyen âge. On voit à Aigues-Mortes, à Tann (Haut-Rhin), à Vendôme, à Villeneuve-le-Roi, des restes de portes de villes assez bien conservées. La partie de la ville de Carcassonne qu'on appelle la Cité offre l'ensemble tout à fait complet d'une cité du 13e siècle. Il y avait autrefois en France une quantité innombrable de châteaux fortifiés; parmi les plus remarquables, nous citerons : à Paris, le château du Louvre, bâti par Philippe-Auguste; la Bastille et Vincennes, bâtis par Charles V; les châteaux d'Arques, de Lillebonne, de Dieppe, en Normandie; celui des ducs de Bourgogne, à Dijon; ceux de Montfort-l'Amaury et de Rambouillet, dans l'ancien Hurepoix, aujourd'hui Seine-et-Oise; les châteaux de Fongères et de Clisson, en Bretagne; celui de Plessis-lès-Tours, en Touraine; ceux de Coucy et de Pierrefons, en Picardie; les châteaux de Saumur et de Champtocé, dans l'Anjou; celui de Bourdeilles, en Périgord; de Tarascon, en Provence; de Beaucaire, en Languedoc; le château de Bourbon-l'Archambault et celui de Moulins, dans le Bourbonnais; celui de Montlhéry, sur la route d'Orléans, dont il reste une grande tour; les châteaux de Blandy et du Vivier, en Brie, et celui de la Mothe-Saint-Hérayc, dans les Deux-Sèvres, etc. La plupart de ces châteaux, et d'autres que nous n'avons pas nommés, se trouvent représentés dans plusieurs ouvrages.

Parmi les habitations royales, le palais de la Cité, à Paris, doit être mentionné à part à cause de son importance et de l'intérêt historique qui s'y rattache. La reconstruction du palais de la Cité date du règne de saint Louis; il ne fut terminé que sous le règne de Philippe-le-Bel : les auteurs contemporains le désignent sous le nom de *Palatium insigne*. La grande salle surtout était une œuvre d'art très-remarquable de cette époque; Corrozet donne une description très-détaillée de cette ancienne salle qui était consacrée à différents usages. Elle fut brûlée en 1618, après la mort de Henri IV, et reconstruite sur les anciennes fondations, telle qu'on la voit aujourd'hui, par Jacques Debrosses.

Habitations privées. — Quant aux habitations particulières, on comprend très-bien ce qu'elles pouvaient être sous le régime de la féodalité, où la bourgeoisie n'avait ni puissance, ni richesse. Mais par cela même qu'elles étaient d'une grande simplicité, elles offrent dans leur construction certaines données primitives dont l'art sut plus tard tirer bon parti. Elles étaient généralement en bois, peu étendues et mal distribuées intérieurement. Leurs façades sur les rues se terminaient ordinairement par un pignon de forme aiguë, dans lequel s'inscrivait une ogive composée de deux pièces de bois. Les ouvertures étaient larges et multipliées, afin que la lumière pût facilement pénétrer dans l'intérieur. Sur la rue, les étages étaient établis en encorbellement les uns sur les autres ; par cette disposition, encore en usage en Orient, d'où elle fut peut-être importée, les passants et surtout les acheteurs se trouvaient à l'abri. Il est assez probable que le désir de se garantir de la pluie fit adopter dans le Nord une telle disposition, motivée sans doute en Orient par le besoin de se garantir du soleil.

Dès le 15e siècle, ces simples maisons de bois et de briques ne laissaient pas que d'être traitées avec un certain goût, souvent même avec beaucoup d'art : les bois en étaient sculptés avec recherche ; quelquefois ils étaient, de plus, peints et dorés ; aux remplissages de briques, on substituait, dans certains cas, des carreaux de terre émaillés de diverses couleurs, comme on en voit des exemples à Beauvais, Rouen, Caen, Orléans, Blois, Dijon, etc., conservent encore quelques vieilles habitations du moyen âge ; mais le nombre en diminue chaque jour. La plus importante et la plus remarquable habitation du 15e siècle est celle de Jacques Cœur, à Bourges. L'hôtel de Sens, à Paris, est encore un curieux exemple de l'architecture privée de cette époque.

Hôtels-de-ville. — Les hôtels-de-ville, originairement maisons communes, ne commencèrent à acquérir quelque importance qu'après l'affranchissement des communes ; aussi les plus anciens que nous possédions en France ne datent-ils que du 15e siècle. Ils empruntent leur principal caractère de ces hautes tours de beffroi dont ils sont accompagnés. C'est dans le nord que se trouvent les hôtels-de-ville de cette époque. Ceux d'Arras, de Saint-Quentin, de Noyon, méritent d'être cités. Comme palais public du moyen âge, le palais de justice de Rouen mérite de fixer l'attention. Destiné d'abord à l'assemblée des états de Normandie, cet édifice fut commencé à la fin du 15e siècle par Roger Ango.

[ ] *Hôtel-de-ville d'Arras.*

D'après l'examen rapide que nous venons de faire des constructions civiles, ne peut-on pas conclure que les artistes du moyen âge n'avaient exclusivement en vue que les édifices religieux ; que l'état de la société ne permettait pas d'introduire de grands perfectionnements dans l'architecture civile ; que les formes adoptées dans l'architecture des églises devaient être consacrées comme un article de foi, et que ces formes par cela même se prêtaient peut-être beaucoup plus difficilement à la variété et à la multiplicité des besoins de l'architecture civile, qui tendaient sans cesse à s'augmenter? ne peut-on pas conclure enfin que l'architecture du moyen âge est surtout le produit direct des doctrines chrétiennes, et que, comme nous l'avons déjà dit, la véritable dénomination qui convienne à l'art de cette époque est celle d'art chrétien, en opposition avec celle d'art païen, qui sert à désigner l'art des siècles antérieurs au triomphe du christianisme ?

Tombeaux. — Certains tombeaux élevés au moyen âge doivent être remarqués avec intérêt. Ces tombeaux, élevés dans l'intérieur des églises, étaient le plus souvent placés dans le vide des arcades du chœur, ou dans des chapelles privilégiées destinées à la sépulture des rois, des princes ou des nobles ; celui du roi Dagobert, à Saint-Denis, était de ce nombre. L'église de Brou possède plusieurs tombeaux remarquables, mais d'une époque plus récente. Il est un autre genre de tombeau qui se compose d'un sarcophage, sur lequel est représentée une figure couchée, comme on en voit un grand nombre dans les caveaux de Saint-Denis. Les tombeaux les plus ordinaires étaient indiqués par de simples pierres sépulcrales composant le dallage des églises : on reproduisait sur ces dalles, à l'aide d'une gravure en creux, les personnages divers dont elles recouvraient la sépulture ; cette gravure était quelquefois remplie de mastic de couleur qui devait produire un bon effet. Les abbés et les évêques eux-mêmes n'avaient souvent pas d'autres tombeaux. Celui de la reine Frédégonde, conservé à Saint-Denis, est le plus ancien exemple de ce genre de pierre sépulcrale. Il est de plus très-curieux par sa décoration. C'est une espèce de mosaïque composée de marbres de couleur et d'émaux, rapportés et fixés, à l'aide de mastic, dans des cavités de cuivre. On a représenté, à l'aide de ce travail, la figure de la reine de grandeur naturelle ; le visage, les pieds et les mains sont lisses et déterminés seulement par le contour extérieur. Parmi les dalles sépulcrales conservées dans nos églises, nous ne pouvons omettre de citer celles qui recouvraient la tombe d'architectes célèbres. A Reims, il existe encore celle de Ives Libergier, architecte de Saint-Nicaise et de la cathédrale, mort en 1263. Une tombe non moins digne d'être citée est celle de Pierre de Montereau ; elle fut trouvée dans la chapelle de la Vierge, qu'il avait élevée dans l'abbaye Saint-Germain-des-Prés. Nous citerons encore celle d'Alexandre de Berneval, l'un des architectes de Saint-Ouen, à Rouen, où il est inhumé. Cette dernière tombe date du 15e siècle.

Ponts. — Les constructeurs du moyen

âge, au génie duquel nous devons la conception de ces belles cathédrales dont nous avons parlé précédemment et dans lesquelles ils ont épuisé tout leur savoir dans l'art de bâtir, étaient fort inhabiles lorsqu'il s'agissait de constructions d'utilité publique, comme les aqueducs, les ponts, etc. Toutes les tentatives qu'ils firent dans ce genre ne furent pas heureuses : le plus ancien des ponts de Paris (le pont Notre-Dame) ne date que du 16e siècle; Fra Giocondo, moine véronais, en dirigea la construction. Tous les ponts qui avaient été construits à Paris antérieurement à celui-ci avaient été à plusieurs reprises enlevés par les eaux, reconstruits tantôt en bois, tantôt en pierre, et toujours détruits de nouveau.

Dans leur ignorance, les constructeurs du moyen âge pensaient que le moyen d'assurer aux ponts une plus grande solidité était de rapprocher autant que possible les piles des arcs, et conséquemment de faire les arcs très-étroits, ne comprenant pas qu'une telle disposition, outre l'inconvénient d'entraver la navigation, avait pour résultat de diminuer l'espace réservé au passage des eaux et de multiplier les parties sur lesquelles pouvait s'exercer leur action. Si l'on ajoute à cela le mauvais mode de construction et sans doute le manque de connaissances nécessaires pour bien assurer les fondations, on comprendra facilement que les ponts du moyen âge n'aient pas pu résister aux chances de destruction auxquelles ce genre de monument est nécessairement exposé. Nous répéterons à l'occasion des ponts ce que nous avons déjà dit à l'occasion des travées des églises : c'est que, si les constructeurs ou architectes du moyen âge avaient été aussi hardis et aussi expérimentés qu'on le suppose dans l'art de bâtir, ils auraient compris que le système de construction en arc doit servir à franchir de grands espaces et à distancer les points d'appui; or, quand dans la largeur d'un fleuve on pourrait établir un pont à l'aide de cinq ou six arches et qu'on en fait un nombre double, il y a là une preuve évidente d'ignorance et de timidité. L'ancien pont d'Orléans avait dix-neuf arches; le nouveau n'en a que neuf. Le pont Saint-Esprit, sur le Rhône, dont la construction date du 13e siècle, est peut-être le plus remarquable des ponts de cette époque; il paraît avoir été fait à l'imitation de quelque pont romain : les arcs sont encore plein cintre et les piles sont percées, comme au pont antique de Sommières, de manière à livrer passage aux eaux dans les grandes crues. Les ponts du moyen âge sont aujourd'hui en petit nombre; ceux qui avaient résisté sont souvent détruits pour être remplacés par d'autres, mieux combinés et plus commodes pour la navigation. On voit encore à Avignon les restes du pont construit par saint Benezet en 1177; l'une des piles de ce pont, ainsi que cela avait lieu fréquemment, était surmontée d'une chapelle. Au moyen âge, la tête des ponts était défendue par des constructions militaires, et le pont lui-même était souvent surmonté de tours élevées, comme ceux de Cahors sur le Lot.

§ 6. *Époque de la renaissance, de Charles VIII à Henri III.*

Considérations générales. — Il est dans l'histoire de l'humanité certaines époques mémorables que la Providence semble avoir marquées de préférence pour l'accomplissement de ses mystérieux et impénétrables desseins.

Les faits nombreux et importants qui ont signalé le 15e siècle, rapprochés les uns des autres, ne semblent-ils pas coïncider entre eux et se prêter un mutuel appui pour concourir simultanément au progrès de la civilisation moderne : d'une part la féodalité est détruite, les nations acquièrent plus de force et plus d'unité, les relations des peuples se multiplient; pendant que d'une autre des découvertes nombreuses et fécondes, et particulièrement l'invention merveilleuse de l'imprimerie, contribuent puissamment à la régénération de la société européenne.

C'est au milieu de telles circonstances et par leur concours que s'opérait ce grand mouvement intellectuel, qualifié depuis du nom de *renaissance*, auquel les arts ne pouvaient pas rester étrangers; ce nom de renaissance indique suffisamment l'idée qu'on attache généralement à la transformation complète qui eut lieu à cette époque, c'est-à-dire que les différentes périodes du moyen âge furent considérées comme une époque de ténèbres et d'ignorance durant laquelle les esprits étaient restés plongés dans une longue et profonde léthargie; or, au moment du réveil, les regards se tournèrent de nouveau vers le foyer de la civilisation antique pour lui emprunter la lumière qu'on croyait la plus propre à féconder les nouvelles idées.

En prenant ainsi le passé pour modèle, c'était bien réellement une sorte de résurrection, de *renaissance* qu'on prétendait opérer.

L'influence que l'Occident avait exercée sur les arts en Italie n'avait jamais été que passagère; l'antiquité, dont elle était restée l'héritière directe, avait bientôt repris son empire, et ce fut en son nom que se manifestèrent les premiers symptômes de la renaissance italienne : pendant que les philosophes, les poëtes et les savants étudiaient les auteurs anciens, les architectes exhumaient les débris des monuments. L'Italie fut ainsi la première à proposer l'architecture païenne pour modèle, en l'opposant à cette architecture chrétienne de l'Occident, qui n'avait jamais pu prendre racine sur son sol. Au 15e siècle, Rome devint le point de mire de tous les artistes, et les villes italiennes commencèrent à élever de nombreux édifices dans lesquels on fit l'application d'un nouveau système d'architecture encore inconnu dans les autres pays de l'Europe. En France, à la même époque, le style ogival était encore partout en vigueur, mais menacé, comme nous l'avons dit, d'une prochaine décadence.

Tel était l'état des arts en Italie et en France, lorsque Charles VIII monta très-jeune sur le trône. En 1483, ce roi, sous le prétexte de revendiquer quelques droits de famille et entraîné lui-même par les habitudes guerrières de ses sujets, conduisit une armée française jusqu'à Naples; mais cette aventureuse expédition n'eut aucun résultat politique. Le roi et les jeunes seigneurs qui l'avaient accompagné n'en rapportèrent que le goût du luxe et de tout ce qui peut contribuer aux douceurs de l'existence; ils furent jaloux de doter la France du bien-être qu'ils avaient appris à se procurer : les manoirs féodaux qu'ils retrouvèrent à leur retour ne leur semblèrent plus dignes d'être habités, après ces somptueux palais embellis de tous les chefs-d'œuvre des arts qu'ils avaient pu admirer en Italie, et ils se proposèrent d'en créer de semblables. Dès ce moment, l'Italie fut appelée à devenir pour la France ce que la Grèce avait été dans un autre temps pour elle.

Telle est non pas la cause première, mais l'origine de la renaissance en France; il ne s'agit pour le moment que de fixer une date et d'établir que les premières tentatives faites en architecture dans cette nouvelle voie furent le résultat d'une importation étrangère. Nous voulons de plus insister sur ce point, que si la renaissance a facilement et promptement détrôné l'architecture du moyen âge, c'est que celle-ci était déjà parvenue d'elle-même à la dernière période de sa décadence.

Certains esprits, dans leur engouement exclusif pour les belles productions de l'architecture du moyen âge, se sont prononcés contre la réforme opérée dans l'architecture française au 16e siècle, regrettant qu'un principe d'imitation soit venu détruire l'originalité de l'art gothique, qu'ils veulent absolument qualifier d'art national; mais nous ne saurions comprendre ces regrets, persuadés que nous sommes que l'art du moyen âge, abandonné à lui-même, eût été incapable de se régénérer et de satisfaire aux exigences de la civilisation toute nouvelle qui commençait à se développer dans notre pays. Si la renaissance s'est accomplie dans l'architecture française, c'est qu'elle s'était en même temps accomplie dans nos mœurs, dans nos institutions et dans notre littérature. Or comment méconnaître la part qu'eut l'Italie dans ces transformations simultanées! l'Italie n'était-elle pas, par sa situation même, le véritable lien qui devait unir l'Occident à l'Orient! Il ne faut pas non plus perdre de vue qu'antérieurement à la renaissance, la civilisation française s'était opérée à l'aide de deux éléments distincts, l'élément *latin* et l'élément *franc* : c'est au premier que se rattachent tous les édifices élevés en France pendant la domination romaine et tous ceux élevés au moyen âge dans le style dit roman; du second dérivent les constructions dans lesquelles le style ogival fut exclusivement adopté, et qui pour la plupart sont situées au nord de la Loire. Comment donc s'étonner que, dans cette crise ardente et féconde de la renaissance, la France, se rappelant son origine romaine, ait été portée à évoquer de nouveau et avec enthousiasme l'exemple de ses premiers maîtres en fait d'art. Enfants de la civilisation romaine, nous avons tout emprunté de l'antiquité; est-ce donc à dire que nous ne conservions pas une originalité propre! Il en est de l'architecture comme du langage, et si cette comparaison a déjà été faite bien souvent, c'est qu'il ne saurait y en avoir de plus exacte et de plus frappante; de ce que la langue française s'est formée d'éléments grecs, latins et italiens, n'est-elle pas, malgré cela, la juste expression de notre esprit français! On doit toutefois le reconnaître, la renaissance, en cédant à un esprit d'imitation trop prononcé, n'a pas totalement réalisé ce qu'on était en droit d'en attendre; le principe au nom duquel elle s'est opérée renfermait des germes féconds qui n'ont pas tous également fructifié.

Il importe de remarquer qu'à la fin de ce 15e siècle, signalé par de grandes et merveilleuses choses, l'Italie avait déjà vu fleurir dans son sein des artistes tels que Arnolfo di Lapo, Brunellesco, Orcagna, Léon-Baptiste Alberti, Bramante, Balthasar Perruzi, etc., qui avaient élevé de nombreux et admirables monuments dans le nouveau style d'architecture; tandis qu'en France les artistes contemporains de ceux-ci se livraient à tous les écarts de leur imagination dans les dernières productions de ce style que nous avons désigné sous le nom de *gothique fleuri*; c'est-à-dire que la plus belle période de la renaissance italienne était déjà presque écoulée, que les premières tentatives de la renaissance française étaient encore à faire.

Premiers exemples de l'architecture de la renaissance, règnes de Charles VIII et de Louis XII.— Charles VIII, étant mort, en 1498, à l'âge de

28 ans, ne put pas, pendant la courte durée de son règne, terminer les nombreuses et importantes constructions qu'il avait entreprises; le château qu'il avait fait commencer à Amboise, lieu de sa naissance, ne fut achevé, comme bien d'autres, que sous le règne suivant. Il en fut de même de l'hôtel-de-ville d'Orléans, bâti à cette époque par un architecte nommé Viart.

Sous le règne de Louis XII, les relations fréquentes qui s'étaient établies entre la France et l'Italie eurent sur l'architecture française une influence bien plus directe et bien plus puissante encore que sous Charles VIII. La première application notable qui fut faite du nouveau style d'architecture eut lieu dans le château que le cardinal d'Amboise, archevêque de Rouen, fit construire à Gaillon. Le style de l'architecture de ce château, dont on peut voir des fragments de façade dans les cours de l'Ecole-des-Beaux-Arts, est d'un caractère mixte: à côté de colonnes imitées de l'architecture italienne, on peut remarquer certains détails qui prouvent que l'influence gothique continuait à se faire sentir: c'est généralement là le caractère de tous les édifices construits sous Louis XII : de ce nombre sont le corps de bâtiment à l'est du château de Blois, l'ancienne cour des comptes incendiée en 1737, le château de Châteaudun, les hôtels-de-ville d'Arras, de Saint-Quentin et d'Orléans, plusieurs maisons particulières de cette ville, les hôtels de Cluny et de La Trémouille à Paris, etc.; dans quelques-unes de ces constructions cependant il importe de remarquer que le style ogival domine exclusivement. Le mélange de la brique et de la pierre dans la construction, les arcs en anse de panier, une grande profusion d'ornements arabesques délicatement sculptés et quelques restes de détails gothiques, tels sont les signes distinctifs de l'architecture du temps de Louis XII.

[ ] *Château de Blois, partie bâtie sous Louis XII.*

L'architecte le plus célèbre de cette époque fut fra Giocondo, moine véronais qui, d'après Vasari, exécuta en France *infinite opere* (un grand nombre de travaux) pour le roi Louis XII. Mais de tous ces travaux que Vasari ne désigne pas, la cour des comptes est le seul édifice que l'on sache avec certitude être dû à Giocondo. Or, en comparant le style de l'architecture de la cour des comptes avec celui des châteaux de Gaillon et de Blois, on serait presque autorisé à supposer que Giocondo a été également l'auteur de ces châteaux: et si l'on pouvait acquérir quelque certitude à cet égard, il serait permis de décider alors plus sûrement quelle part il faut attribuer à l'Italie dans les origines de la renaissance française. On a bien retrouvé dans les anciens comptes de la famille d'Amboise qu'un maître maçon de Rouen, nommé Pierre Fain, entreprit à forfait la construction du portique de Gaillon pour la somme de 650 livres tournois, et l'acheva dans le mois de septembre de l'année 1509. Un nommé Pierre de Valence figure également comme maître maçon parmi les artistes qui ont travaillé à Gaillon, tandis que le nom de Giocondo ne se trouve pas sur cette liste; mais nous ne pensons pas cependant qu'on puisse pour cela en conclure que cet architecte soit resté étranger à l'érection de ce château, dont il n'a dû, en tout cas, diriger les travaux que comme chef suprême ou maître de l'œuvre, comme on disait alors, ayant sous ses ordres plusieurs artistes subalternes qui pouvaient être Français.

A Rouen, sous Louis XII, le cardinal d'Amboise fit élever plusieurs églises. Antoine Boyer, abbé de Saint-Ouen, fut surnommé *le Bâtisseur*; il ordonna d'importantes constructions, et dans le nombre l'hôtel abbatial démoli en 1817; parmi les artistes de Rouen qui coopérèrent à ces différents travaux, on a retrouvé les noms de Jacques et Roullaux-Leroux, père et fils, Pierre Dessaulbeaux, Pierre et Toussaint Delorme.

Règne de François Ier. — Sous le règne de François Ier, les artistes continuent à être divisés : les uns protestent contre les nouvelles doctrines et restent encore fidèles au style gothique; les autres, au contraire, accueillant la renaissance avec enthousiasme, saisissent toutes les occasions d'en faire prévaloir les principes : aussi ne faut-il pas s'étonner si, pendant la durée de ce règne, on voit s'élever en même temps le transsept de la cathédrale de Beauvais, l'église de Saint-Eustache à Paris, les châteaux de Chambord, de Fontainebleau, etc. François Ier, cependant, s'était prononcé pour le grand mouvement de la renaissance et cherchait à en favoriser le développement: bien résolu à rompre avec les mœurs et les usages du moyen âge, il appela à son aide les artistes les plus capables de seconder ses vues.

Si Chambord, construit par Pierre Nepveu, dit *Trinqueau*, conserve encore dans son ensemble l'aspect des châteaux féodaux des siècles précédents, le style élégant de la renaissance française se développe bientôt de la manière la plus brillante dans les châteaux de Blois, de Madrid et de Fontainebleau ; à Blois, la grande façade extérieure du château sur la place des Jésuites, n'a rien à redouter de la comparaison qu'on pourrait en faire avec les productions les plus remarquables de la renaissance italienne, et l'escalier en saillie sur la façade de la cour est une œuvre d'architecture à part et vraiment toute française ; à Madrid, des faïences coloriées avaient été employées dans toutes les parties de la décoration extérieure. La fabrication de ces faïences était une importation italienne due à la famille della Robbia, qui, dans ce genre, s'était acquis une grande célébrité. Neuf grands sujets en terre émaillée provenant de la décoration extérieure de ce château ont été récemment acquis par le ministre de l'intérieur pour le musée de l'hôtel Cluny; il y en avait douze de même grandeur, les trois autres sont en Angleterre. Ces plaques, représentant les dieux de la fable, sont signées Pierre Courteys, d'autres Courtois, avec ces mots : *fet à Limoges*, 1559. Or, Vasari nous apprend que les faïences du château de Madrid sont dues à César della Robbia ; il est donc probable que cet artiste italien eut recours pour la fabrication à des ouvriers limousins, ou qu'il n'exécuta seulement qu'une partie des sujets qui décoraient ce château.

Mais c'est Fontainebleau que François Ier semblait avoir choisi de préférence pour la réalisation de ses vastes projets. La plus grande partie de ce château date de cette époque, et était déjà, sinon achevée, au moins fort avancée par des artistes français avant que le Rosso Serlio Primatice et les autres artistes italiens fussent arrivés en France : ce sont particulièrement les bâtiments autour de la cour ovale dont nous voulons parler; on peut, en effet, y remarquer un style d'architecture plus simple et plus original que celui qui prévalut plus tard par suite de l'influence toujours croissante des artistes étrangers que François Ier fit venir d'Italie.

Le Rosso et Primatice furent successivement chargés des décorations intérieures du château de Fontainebleau : le premier a exécuté celles de la galerie de François Ier; le second eut pour collaborateurs Bagna Cavallo, Ruggeri da Bologna, et surtout Nicolo dell'Ablate, qui exécuta les peintures de la salle des fêtes et celles de la célèbre galerie d'Ulysse, détruite sous Louis XV. Benvenuto Cellini fit aussi de nombreux travaux de sculpture pour le château de Fontainebleau. On en trouve les détails dans ses mémoires.

L'exemple donné par le roi ne pouvait pas manquer d'être suivi par les courtisans; les constructions particulières de cette époque qui méritent d'être citées sont : le château de Nantouillet, bâti pour le chancelier Duprat; le château de Chenonceaux, sur le Cher, commencé par Thomas Bohier en 1515, celui d'Azay-le-Rideau, près de Tours, et surtout le manoir qu'Ango, ce riche armateur de Dieppe, s'était fait bâtir à Varengeville. On voit encore dans plusieurs villes de France, et à Orléans entre autres, quelques habitations privées qui datent également de cette époque ; nous citerons aussi la jolie maison de Moret, qui a été transportée à Paris aux Champs-Elysées, et la galerie de l'hôtel Bourgtheroulde à Rouen, où se trouvent sculptés les fameux bas-reliefs qui représentent le camp du Drap-d'Or.

Sous François Ier on distingue dans les édifices deux styles différents : l'un qui dérive de celui de Louis XII et semble conserver un caractère plus national, et l'autre qui se développe évidemment sous l'influence italienne.

Le Louvre. — Mais de toutes les productions de la renaissance française, la plus importante et la plus remarquable est le palais du Louvre. Sous Philippe-Auguste, le Louvre avait été construit comme château-fort pour défendre Paris et protéger le cours de la Seine, néanmoins il fut habité successivement par plusieurs rois, et particulièrement par Charles V qui y fit exécuter de grands travaux; mais sous le règne de François Ier, et surtout sous celui de Henri II, le Louvre changea entièrement d'aspect. On entreprit la reconstruction totale de ce château, dont les distributions incommodes ne convenaient plus aux usages et au goût de l'époque.

On pense que cette restauration fut commencée vers 1540. Pierre Lescot, qui pouvait alors avoir trente ans, fut chargé, comme architecte, de cette tâche importante ; mais quoique François Ier eût consacré des sommes considérables à l'exécution du nouveau Louvre, les constructions en étaient fort peu avancées à la fin de son règne. Pour qu'on puisse se faire une idée exacte de ce que devait être le Louvre tel qu'il avait été conçu par Pierre Lescot, il faut qu'on sache que la cour ne devait avoir de grandeur que le quart de celle actuelle, les dimensions en avaient été déterminées par celles de l'ancien château de Philippe-Auguste, sur les fondations duquel on avait voulu élever les nouveaux bâtiments.

C'était surtout dans les façades intérieures de la cour du Louvre que Lescot avait cru devoir déployer un grand luxe architectural, et l'ordonnance de cette cour, si souvent citée comme modèle, est certainement dans son genre la plus belle page qu'aucun architecte ait produite depuis l'époque de la renaissance dans notre pays. Le style de l'architecture du Louvre était parfaitement en harmonie avec l'éclat de cette cour élégante à laquelle ce palais était destiné; de toute part la galante et poétique pensée du roi se révélait par des monogrammes et des attributs empruntés à la fiction mythologique sous le voile de laquelle se laissait deviner la célèbre Diane de Poitiers. Le Louvre de Pierre Lescot, commencé sous François Ier et continué sous Henri II, peut donc passer pour la plus brillante et la plus complète expression de la renaissance française, dont elle résume parfaitement le caractère; et si l'on ajoute que ce furent Paul Ponce et Jean Goujon que Lescot s'associa pour compléter son œuvre, on ne s'étonnera plus de l'harmonie parfaite qui règne entre l'architecture et la sculpture de cet édifice tout français, dont on chercherait vainement l'égal en Italie.

A l'intérieur des bâtiments, les seules parties qui datent de l'origine sont : la salle décorée des célèbres cariatides de J. Goujon et l'escalier de Henri II. Le plafond et les boiseries du cabinet de Henri II, replacés récemment dans le bâtiment de la colonnade, peuvent donner une idée du goût et du luxe des décorations intérieures des appartements.

Hôtel-de-ville de Paris. — Tout en songeant à reconstruire le palais destiné au siége de la royauté, François Ier avait voulu en même temps doter la bourgeoisie parisienne d'un palais plus digne d'elle; un Italien, Dominique Cortone, fut l'architecte de cet édifice, dont la première pierre fut posée en 1533, ainsi que cela était consigné dans une inscription latine gravée sur la façade et rapportée par Corrozet. Quoique l'œuvre d'un étranger, l'hôtel-de-ville de Paris appartient essentiellement à l'architecture française; on ne saurait rien trouver de semblable en Italie : les combles élevés, les grandes cheminées qui les surmontent, et les vastes fenêtres percées dans la façade, sont autant d'exigences des pays septentrionaux qui ont été acceptées par Cortone, et cet artiste distingué a justement compris qu'en construisant pour Paris il devait créer une architecture toute diffférente de celle qu'il eût pu faire en Italie. L'hôtel-de-ville de Paris, quoique élevé par un architecte italien, est donc un édifice tout français judicieusement conçu en vue des besoins et du climat de la France. Les escaliers de l'hôtel-de-ville sont, avec ceux du Louvre et du château de Nantouillet, les premiers escaliers à rampes droites qu'on puisse citer dans les édifices de la renaissance, antérieurement à ceux-ci, les escaliers étaient toujours construits en vis, soit en pierre, soit en bois.

Productions de la renaissance sous Henri II et Charles IX. — Le grand développement qu'avaient pris les arts en France sous le règne et par l'influence de François Ier se continua après l'avénement au trône de Henri II, son fils, qui eut lieu en 1547. Catherine de Médicis surtout contribua à propager en France le goût des arts, des sciences et des lettres, qu'elle avait laissés florissants dans sa belle patrie.

Pendant que Pierre Lescot et Jean Goujon continuaient le Louvre, Philibert Delorme élevait pour Diane de Poitiers le délicieux château d'Anet, sur les bords de l'Eure. Toutes les ressources de l'art et de la nature avaient été mises en œuvre pour faire d'Anet un séjour enchanteur. Le portique d'entrée, la chapelle et le grand portail, qui décore aujourd'hui la première cour de l'Ecole-des-Beaux-Arts, étaient les morceaux d'architecture les plus remarquables de cette vaste habitation; à l'intérieur des appartements, la menuiserie des portes et des lambris avait été exécutée avec une extrême recherche et un goût exquis; les sculptures étaient dues à Jean Goujon, et les vitraux à Jean Cousin. Dans les cours, dans les parterres, de belles eaux jaillissaient continuellement dans des bassins de marbre; des parcs peuplés de bêtes fauves, des volières, des viviers, etc., complétaient cet ensemble merveilleux, qui semblait plutôt l'œuvre d'une fée que celle des hommes.

Avant que Philibert Delorme n'eût terminé Anet, Jean Bullant élevait pour le connétable Anne de Montmorency le château d'Ecouen. La disposition du château d'Ecouen est celle des anciens châteaux féodaux : ce sont quatre corps de bâtiment élevés au pourtour d'une cour centrale, et flanqués aux angles de quatre pavillons saillants qui ne sont autre chose qu'une transformation des anciennes tours. Ce fut sans doute aussi dans le but de reproduire l'effet de ces tours élevées qui dominaient les entrées des châteaux du moyen âge que Bullant avait composé, pour décorer l'entrée du château d'Ecouen, cette sorte de portail à trois ordres qui offrait quelque analogie avec celui qu'on voyait au fond de la cour d'Anet. Les quatre faces intérieures de la cour du château d'Ecouen étaient toutes différentes les unes des autres; il semble que Bullant n'ait pas cherché à composer un ensemble, mais que son intention ait été de faire sur chacune de ces façades une reproduction des principales ordonnances dont l'antiquité nous a conservé des exemples. Que peut-on penser de ces grandes colonnes empruntées à un temple du Forum romain pour supporter ces toits aigus et ces lucarnes demi-gothiques? Bullant est d'autant moins excusable que dans d'autres parties du château, et notamment dans le portail d'entrée et dans la décoration de la façade sur la terrasse, il a prouvé qu'il pouvait, sans copier, se faire honneur de son propre génie; c'est là le côté blâmable de la renaissance, lorsque, entraînés par leur amour aveugle de l'antiquité, les artistes s'abandonnent à ces serviles imitations dont les conséquences furent plus tard si déplorables.

Mais, de tous les contrastes qu'on remarque dans le château d'Ecouen, le plus frappant est celui que forme la chapelle, située dans un des quatre pavillons d'angle. On est effectivement surpris de voir cette chapelle conserver le style gothique à côté de ces ordonnances antiques ou de ces formes capricieuses de la renaissance. Le même fait se reproduit dans bien des châteaux du 16e siècle : à Blois, à Chenonceaux, à Nantouillet, les chapelles ne participent pas plus qu'à Écouen, du style des autres bâtiments. Il n'en est pas de même à Fontainebleau et à Anet, où les formes ogivales ont complétement disparu. Il faut donc en conclure qu'au 16e siècle certains artistes envisageaient tout différemment l'architecture civile et l'architecture religieuse, et, tout en consentant à être novateurs dans l'une, croyaient, à l'égard de l'autre, devoir respecter le type consacré. Il en était, au contraire, tout autrement de ceux qui, comme Philibert Delorme, à Anet, cherchaient à soumettre l'architecture religieuse aux mêmes principes que l'architecture civile.

Philibert Delorme, qui avait été successivement chargé de travaux importants sous les règnes de François Ier et de Henri II, devait aussi s'illustrer sous celui de Charles IX par la construction du palais des Tuileries. Ce palais était destiné à l'habitation de Catherine de Médicis; ellemême en avait tracé les plans. Dans l'origine, le palais des Tuileries devait être beaucoup plus considérable, mais le corps de bâtiment principal fut seul exécuté tel que nous le reproduisons ici. Philibert Delorme semble avoir voulu résumer dans l'architecture du château des Tuileries la plupart des principes dont il développe la théorie dans ses ouvrages; c'est là qu'il fit l'application de ce genre de colonnes et de pilastres divisés par tambours ornés. Quoique Philibert Delorme qualifie ces colonnes de *françaises*, et qu'il s'en attribue l'invention, nous devons faire observer que ce système de colonnes et de pilastres à bossages se retrouve dans les édifices de l'antiquité et dans ceux de la renaissance italienne; il faut toutefois reconnaître que Delorme a su introduire un goût tout particulier dans les profils et l'ornementation des ordres des Tuileries, et l'ensemble de ce palais peut être cité comme un des exemples les plus caractéristiques de l'architecture française au 16e siècle. C'est Philibert Delorme qui le premier a mis en usage le genre de construction en planches sur champ pour les voûtes légères et les combles, et qu'il a désigné dans son ouvrage par *moyens de construire à petits frais*.

[ ] *Les Tuileries sous Catherine de Médicis.*

Tombeaux et autres monuments de la renaissance. — Outre les édifices que nous avons présentés comme productions de l'architecture française au 16e siècle, il en est d'autres moins importants, il est vrai, mais d'un style plus élevé, dans lesquels les artistes de la renaissance se sont aussi exercés avec succès : nous voulons parler d'abord des mausolées des princes et des souverains, placés pour la plupart dans les églises. Les plus anciens de ces monuments sont le tombeau du cardinal d'Amboise dans la cathédrale de Rouen, et celui de Louis XII et d'Anne de Bretagne, qui a été replacé à Saint-Denis. Ces deux tombeaux portent dans leur ensemble et dans leurs détails le caractère de l'époque à laquelle ils furent élevés; ils sont l'un et l'autre en marbre et ornés de sculptures de la plus grande délicatesse. Celles du tombeau de Louis XII ont été exécutées en partie par un nommé Jean-Juste de Tours. Plus tard, Philibert de Lorme fit exécuter le tombeau du roi François Ier. Les profils sont d'une grande finesse; mais on pourrait lui reprocher d'avoir fait usage de formes architecturales peu propres à ce genre de monument. Peut-être serait-il permis d'attribuer aussi à Delorme le tombeau que Diane de Poitiers fit élever à son mari, Louis de Brézé, dans la cathédrale de

Rouen. La composition de ce monument sépulcral est d'un style à la fois noble, riche et élégant. Nous citerons aussi le tombeau de Henri II et de Catherine de Médicis, élevé du vivant de cette princesse. Quelques-uns l'attribuent au Primatice, d'autres à Jean Bullant; quant aux sculptures, elles sont de Germain Pilon. Ce monument était destiné à prendre place dans le grand monument de la famille des Valois, à Saint-Denis, dont Philibert Delorme avait été chargé par Catherine de Médicis aussitôt après la mort du roi son époux. Cet immense mausolée ne fut jamais terminé; on fut obligé de le démolir vers la fin du siècle dernier parce qu'il menaçait ruine. Il était situé sur le côté nord de l'église royale de Saint-Denis. Pour se faire une idée de ce qu'il devait être, il faut avoir recours aux gravures de Marot. Si le mausolée de la famille des Valois eût été achevé, c'eût été certainement un des monuments les plus importants de ce genre; par la grandeur de sa masse et la physionomie de son ensemble, il serait devenu le digne pendant du tombeau des Médicis à Florence et eût pu être comparé aux grands mausolées de l'antiquité.

[ ] *Tombeau de François Ier.*

Nous ne saurions omettre de parler d'un petit édifice dans lequel le style et les formes de la renaissance ont été heureusement appliqués : c'est la jolie fontaine des Innocents, située originairement au coin de la rue aux Fers et de la rue Saint-Denis. C'était l'œuvre de Pierre Lescot et de Jean Goujon. Ces deux artistes avaient également associé leurs talents pour la composition du jubé de Saint-Germain-l'Auxerrois. Ce jubé a été détruit à la révolution.

Les cheminées, qui dans les pays septentrionaux jouent un rôle si important dans l'intérieur des appartements, étaient devenues pour les artistes de la renaissance un motif de décorations particulières et très-variées, dans lesquelles ils se plaisaient à développer les ressources de leur féconde imagination. On voit encore, dans un grand nombre de châteaux en France, des exemples de cheminées décorées avec beaucoup d'art et de richesse. Nous citerons plus particulièrement celles de Fontainebleau et d'Écouen; les villes d'Orléans, de Rouen, de Blois possèdent encore, dans l'intérieur de quelques habitations particulières, plusieurs cheminées remarquables. Nous citerons enfin celle qui a été transportée au musée de la sculpture française, au Louvre, et qui vient du château de Villeroy.

§ 7. *Dernière période de la renaissance.*

Règnes de Henri III et Henri IV. — Les persécutions religieuses qui signalèrent le règne de Charles IX, et les troubles intérieurs qui déchirèrent la France avant que Henri IV ne fût monté sur le trône, contribuèrent à ralentir la marche progressive que les arts avaient constamment suivie en France depuis le comencement du 16e siècle. Sous le règne de Henri III, le style de l'architecture ne subit pas de notables modifications, mais cependant un principe de décadence commence à se faire sentir. On ne saurait, d'ailleurs, citer aucun édifice important élevé à cette époque; et cependant Henri III avait à sa disposition des architectes d'un grand mérite, qui ne lui eussent pas fait défaut s'il leur eût fourni l'occasion de se produire. Dans ce nombre il faut distinguer Jacques Audrouet-Ducerceau, dont les talents comme architecte et comme graveur n'ont peut-être pas été appréciés à leur juste valeur. Ducerceau, cependant, a publié un grand nombre d'ouvrages qui, par la variété de leurs sujets, témoignent de la souplesse et de la fécondité de son génie inventif; mais aussi Ducerceau était huguenot, et il n'eût pu conserver les bonnes grâces du roi qu'en changeant de religion; or, il préféra quitter la France que de se faire catholique. On ne doit donc pas être surpris si Ducerceau ne put pas parvenir à attacher son nom à aucune œuvre architecturale de quelque importance. On a cru devoir lui attribuer le Pont-Neuf; mais il paraîtrait que ce fut son fils, Jean-Baptiste Ducerceau, qui, quoique jeune encore, commença cette importante entreprise. C'est donc surtout par les ouvrages qu'il a publiés que Jacques Audrouet-Ducerceau a acquis une certaine célébrité. Ces ouvrages, extrêmement variés, ne sont pas tous connus: ceux que l'on possède forment au moins 20 volumes.

Jean-Baptiste Ducerceau et Dupérac obtinrent la confiance de Henri IV, et furent chargés des principaux édifices qui furent entrepris à Paris vers la fin du 16e siècle. Ces deux architectes paraissent avoir contribué, chacun pour leur part, à la continuation de la galerie, qui, d'après les idées de Henri IV, devait unir le Louvre au palais des Tuileries. On cite également un nommé Metezeau comme ayant coopéré à la construction de cette galerie sous Louis XIII.

Pierre Gueroult, dans son *Histoire de Saint-Germain-en-Loye*, affirme que Jean-Baptiste Ducerceau fut chargé de terminer le château neuf de Saint-Germain-en-Laye, l'un des bâtiments les plus considérables qui aient été entrepris à cette époque. On peut, d'après les gravures, se faire une idée de l'effet prodigieux qu'aurait produit cet ensemble de constructions disposées en amphithéâtre sur le bord de la Seine s'il eût pu être terminé.

Henri IV fit aussi exécuter d'importants travaux au château de Fontainebleau : la galerie de Diane, la galerie des Cerfs et celle des Chevreuils, la porte Dauphine, la chapelle de la Trinité et les bâtiments de la cour des cuisines sont autant d'adjonctions qui furent faites sous son règne, et qui portent le caractère de cette époque. Le portail de la façade sur la place d'armes est l'œuvre d'un nommé Jamin, qui, de simple manœuvre, était devenu l'un des architectes les plus distingués du temps de Henri IV, et fut anobli par ce monarque à cause de son rare mérite. On ignore quels sont les autres architectes qui ont pu coopérer aux diverses constructions élevées dans les autres parties du château à cette époque.

Comme constructions particulières, nous citerons les maisons de la place Dauphine et de la place Royale, dont l'ordonnance conserve une physionomie originale. Ces deux places, de forme régulière, entourées de bâtiments symétriquement disposés, étaient une grande nouveauté pour Paris. Cette ville, sous Henri IV, reçut de notables améliorations, et s'enrichit de nombreux établissements civils et religieux, parmi lesquels nous citerons encore l'hôpital Saint Louis, qui fut exécuté sous la direction d'un nommé Villefaux.

Dans l'architecture des édifices construits sous Henri IV, on ne trouve plus cette élégance et cette recherche qui caractérisent celles des règnes précédents. L'emploi fréquent des bossages de pierre lui donne une apparence de rudesse en harmonie avec les habitudes guerrières du temps; le luxe des sculptures a complétement disparu; les façades sont d'un style lourd et disgracieux, le mélange de la pierre et de la brique contribue seul à en déguiser la nudité.

Après la mort de Henri IV, Marie de Médicis, devenue régente, se livra à ses propres instincts, et s'abandonna à son goût pour les beaux-arts, qui semble avoir été héréditaire dans sa famille. Ce fut sous ses auspices et par sa protection que se produisit Jacques Debrosse, cet architecte éminent, dont les œuvres jettent encore quelque éclat sur l'architecture française au moment où elle était menacée d'une décadence prochaine.

Des églises à l'époque de la renaissance. — Les tentatives faites au 16e siècle pour introduire le style de la renaissance dans les monuments religieux ne furent que partielles et incomplètes; toutefois, il importe de remarquer que lorsque dans des églises gothiques il s'agissait de terminer des parties restées inachevées, souvent on n'a pas hésité à adopter le style de l'architecture de la renaissance, sans se préoccuper du désaccord qui pourrait en résulter. De sorte que chaque construction porte ainsi la date de l'époque où elle a été faite. Nous ne saurions donc citer, dans les églises du 16e siècle, que des fragments appartenant à la renaissance, tels que les façades de Saint-Michel de Dijon, de l'église de Villeneuve-le-Roi, de la cathédrale de Tours, de Saint-Gervais et Saint-Protais à Gisors, de Sainte-Clotilde aux Andelys, etc.

[ ] *Saint-Michel de Dijon.*

L'église de Saint-Eustache à Paris fait cependant exception; mais cette église est construite entièrement d'après les principes gothiques, et ce n'est pas parce qu'on y a introduit quelques éléments de décoration empruntés au style de la renaissance, et qu'on a fait à la fois emploi du plein cintre, d'arcs-chaînettes et d'ogives, qu'on peut la considérer comme une église conçue sur des bases nouvelles.

Portail de Saint-Gervais, le palais du Luxembourg, etc. — Le temple protestant de Charenton, la grande salle du Palais, l'aqueduc d'Arcueil, le palais du Luxembourg et le portail de Saint-Gervais, telles sont les productions dans lesquelles Debrosse eut occasion de déployer les ressources de son génie; dans le premier de ces édifices, Debrosse a judicieusement pensé qu'il pouvait adopter la disposition des basiliques antiques décrites par Vitruve, et la copie, il faut le dire, n'était pas par trop inférieure au modèle. Dans la grande salle du Palais, il eut le bon esprit de s'assujettir aux anciennes fondations, de sorte que les dimensions du vaisseau, le nombre et la place des points d'appui restèrent les mêmes; seulement, au style gothique de l'ancienne salle, il substitua une décoration d'un style gréco-romain, et les voûtes de bois furent remplacées par des voûtes de pierre. L'ensemble de cette salle, l'une des plus vastes qui existent, est grandiose et monumental. Dans la construction de l'aqueduc d'Arcueil, Debrosse a prouvé qu'entre les mains d'un architecte habile la construction la plus simple en apparence est susceptible d'être traitée avec art.

Mais c'est surtout dans la conception et l'exécution du palais du Luxembourg, élevé en 1615 pour servir d'habitation à Marie dé Médicis, que Jacques Debrosse a déployé toutes les ressources de son talent. La disposition du palais du Luxembourg est celle de tous les châteaux français, c'est-à-dire qu'il se compose de quatre corps de bâtiments disposés carrément autour d'une cour centrale et flanqués aux angles de pavillons plus saillants et plus élevés; l'entrée, comme à Anet, à Ecouen, à Fontainebleau, est décorée d'une espèce de frontispice à deux étages qui donne à la façade un aspect noble et pittoresque; quoique le style de l'architecture du Luxembourg ait une certaine analogie avec celle de la cour du palais Pitti et de quelques autres palais florentins, on doit reconnaître que ce style avait déjà quelques précédents dans différents édifices français, entre autres dans la galerie du Louvre et dans le château de Saint-Germain. Quoi qu'il en soit, nous n'hésitons pas à dire que le Luxembourg, tant par la disposition régulière de son ensemble que par la fermeté de ses masses et l'unité de style qui règne dans toutes les parties, mérite d'être considéré comme une œuvre de maître et vraiment nationale, et nous pensons que le palais de Marie de Médicis peut très-bien tenir sa place à côté du Louvre et des Tuileries.

C'est pour une des galeries du palais du Luxembourg que Rubens exécuta une suite de sujets empruntés à la vie de Marie de Médicis; ces tableaux font aujourd'hui partie de la collection du Louvre. Une suite de tableaux semblables dont les sujets eussent été empruntés à la vie de Henri IV devait être placée dans la galerie parallèle, mais ils ne furent jamais exécutés.

[ ] *Saint-Gervais.*

Peut-être aurait-on droit, au contraire, de juger plus sévèrement le portail que Debrosse fut chargé de composer pour l'église Saint-Gervais, qui était restée inachevée : ici, on ne peut le méconnaître, l'architecte français s'est laissé entraîner par l'influence italienne; Debrosse n'eut certainement pas d'autre idée alors, que de doter la France d'une de ces décorations en placage qui étaient à cette époque fort en vogue en Italie, et dont les portails de l'église du Jésus et San-Andrea-della-Valle à Rome étaient considérés comme les plus beaux types. L'application des ordres antiques à une façade d'église était donc une tentative toute nouvelle dans l'architecture française; et quoiqu'elle eût dû choquer le goût et la raison, surtout ainsi faite au portail d'une église gothique, la décoration du portail de Saint-Gervais fut cependant considérée comme un chef-d'œuvre, et devint pendant long-temps le type des portails d'église qu'on éleva en France.

Règne de Louis XIII. — Sous le règne de Louis XIII, roi sans énergie, sans puissance et sans volonté, Richelieu, premier ministre, s'était emparé d'un pouvoir et d'une autorité sans bornes; ambitieux de toutes les gloires, il encouragea les arts, les sciences et les lettres, et contribua à jeter un grand éclat sur une époque à laquelle son nom est invariablement attaché.

Jamais on n'avait tant construit en France, et surtout à Paris, que sous Louis XIII. Le nombre des communautés religieuses qui furent établies à cette époque est considérable; les anciens couvents furent agrandis ou reconstruits; la place Royale fut terminée et la presque totalité des maisons de ce quartier, connu sous le nom du Marais, date du même temps. Dans les villes de Rouen, Beauvais, Reims, Orléans, etc., on voit encore quelques constructions particulières du règne de Louis XIII; les hôtels-de-ville de Lyon et de Reims méritent de fixer l'attention parmi les édifices publics de cette période.

Ce ne fut guère qu'au début du règne de Louis XIII que l'on commença vraiment à savoir distribuer un appartemement. On trouve dans Tallemant des Réaux quelques détails curieux sur la disposition du célèbre hôtel de Rambouillet. « Madame de Rambouillet, dit-il, est une personne habile en toutes choses. Elle fut elle-même l'architecte de son hôtel, mal satisfaite de tous les dessins qu'on lui faisait (c'était du temps du maréchal d'Ancre, car alors on ne savait que faire une salle à un côté, une chambre à l'autre et un escalier au milieu). Un soir, après y avoir bien rêvé, elle se mit à crier : Vite du papier, j'ai trouvé le moyen de faire ce que je voulais. Sur l'heure elle en fit le dessin; on le suivit de point en point. C'est d'elle qu'on a appris à mettre les escaliers à côté pour avoir une grande suite de chambres, à exhausser les planchers et à faire des portes hautes et larges et vis-à-vis les unes des autres... » Nous ne prétendons pas contester l'influence qu'a pu exercer madame de Rambouillet sur la manière de distribuer les appartements vers 1612; mais cette influence a bien pu être un peu exagérée par cet auteur. Néanmoins c'est un fait constant qu'en fait de distribution et d'arrangements intérieurs à faire dans les habitations, les femmes ont encore aujourd'hui conservé le privilége de s'y entendre réellement à merveille. Il n'y a donc pas lieu de s'étonner que Catherine de Médicis ait tracé les plans des Tuileries, que Marie de Médicis ait dirigé les constructions du Luxembourg, et que madame de Rambouillet et peut-être bien d'autres depuis aient conçu la distribution de leur hôtel.

L'architecte le plus célèbre du temps de Louis XIII fut Charles Lemercier; il bâtit la Sorbonne, la première pierre en fut posée en 1627, et celle de l'église en 1635; c'est au milieu du chœur de cette église que fut élevé plus tard le tombeau du cardinal de Richelieu, son fondateur. Lemercier donna également le plan de cette somptueuse habitation dans laquelle le cardinal ministre voulait déployer une magnificence toute royale; ce palais, connu sous le nom de palais Richelieu ou palais Cardinal, contenait, outre de vastes appartements, une galerie décorée des portraits des hommes les plus illustres, une chapelle et deux salles de spectacle. En 1636, Richelieu fit donation à Louis XIV de ce palais, qui, par la suite, prit le nom de Palais-Royal. En 1692, Louis XIV donna le Palais-Royal en toute propriété à Philippe d'Orléans; depuis cette dernière époque, d'importantes modifications et augmentations furent faites au palais créé par Richelieu.

Les projets qui, sous Louis XIII, furent conçus pour l'achèvement du Louvre dépassaient de beaucoup en étendue et en magnificence ceux de François Ier et de Henri II. D'après les plans de Lemercier, les bâtiments commencés par Lescot se trouvaient augmentés dans une proportion telle que la cour devait avoir une étendue quatre fois plus grande qu'auparavant. Tout en respectant et continuant les ordonnances des façades bâties sous Henri II, Lemercier jugea à propos de marquer le milieu et l'entrée de ce palais par un pavillon central plus élevé que les autres bâtiments et surmonté d'un dôme à quatre pans; ce pavillon, destiné à contenir la chapelle, se lie assez bien avec les parties adjacentes, mais il est loin d'être irréprochable dans la décoration de sa partie supérieure. Quant aux cariatides de Pierre Sarazin, quel que soit leur mérite, on ne saurait approuver l'apparence de vie qu'il a cru pouvoir donner à ces figures tout architecturales; c'est avoir méconnu les principes auxquels Jean Goujon s'était soumis avec tant de talent dans la composition de ses cariatides de la salle des gardes.

Outre les adjonctions que nous venons d'indiquer, Anne d'Autriche fit décorer ses appartements et construire une salle de spectacle dans le pavillon dont une partie est aujourd'hui occupée par le grand escalier du Musée.

A Versailles, Louis XIII fit construire un petit château destiné à servir de rendez-vous de chasse. Ce château, bâti en pierre et briques, entouré de fossés et flanqué de pavillons, conservait encore la disposition et l'aspect des anciens châteaux français du moyen âge, et, sous ce rapport, on peut considérer le château de Versailles bâti par Louis XIII comme le dernier exemple de ce type de château si universellement adopté dans les siècles précédents. Ce fait est d'autant plus remarquable que le modeste rendez-vous de chasse de Louis XIII était destiné à devenir le noyau du magnifique château de Louis XIV.

Mazarin, succédant à Richelieu comme premier ministre, acquit bientôt la même puissance; il chercha en tout à copier son prédécesseur et ne voulut pas rester en arrière dans les encouragements qu'il accorda aux lettres et aux beaux-arts. Richelieu avait reconstruit la Sorbonne, Mazarin fonda le collége des Quatre-Nations, auquel il légua sa précieuse bibliothèque; mais cet édifice ne fut commencé qu'en 1662 : Levau en composa les plans, et la construction fut dirigée par Lambert et Dorbay. Cet édifice s'éleva sur l'emplacement de l'hôtel de Nesle, en face même de la nouvelle façade du Louvre, dont Levau avait également donné les dessins. Mazarin, comme Richelieu, voulut avoir une habitation dont l'importance et le luxe fussent en rapport avec son rang et sa richesse; il fit choix d'un emplacement compris entre la rue Richelieu et la rue Vivienne, et fit bâtir un vaste palais dans lequel il se plut à réunir des trésors de toute espèce; dans des appartements meublés avec la plus grande magnificence, et dans de spacieuses galeries, on ne comptait pas moins de 400 bustes antiques en bronze, en marbre ou en porphyre, 500 tableaux environ des meilleurs maîtres et une bibliothèque de 40000 volumes.

Le style de l'architecture des édifices bâtis sous le règne de Louis XIII et la régence d'Anne d'Autriche offre évidemment moins de correction que celui des édifices antérieurs à Henri IV. Il est certain que le goût se montre plus corrompu; mais ce que l'architecture perd en pureté, elle semble le gagner en indépendance; moins fine, moins élégante que sous les règnes de François Ier, de Henri II et de Charles IX, l'architecture du 17e siècle vise à devenir plus pompeuse et plus monumentale ; on pourrait dire, en quelque sorte, qu'elle est plus monarchique ; enfin vers la fin du 17e siècle, les arts, momentanément paralysés par les troubles intérieurs du royaume, semblent prêts à prendre un nouvel essor, et l'on peut déjà pressentir les futures merveilles du siècle de Louis XIV.

Des églises au 17e siècle. — Dès le milieu du 17e siècle, on adopta pour les églises un style d'architecture uniforme. Les artistes français avaient dès lors entièrement rompu avec les traditions du moyen âge pour se mettre à la suite des architectes italiens. Les types déjà imités par Debrosse dans la décoration du portail de Saint-Gervais furent les modèles invariables des nouvelles églises qui s'élevèrent en France ; l'église des Jésuites, rue Saint-Antoine, commencée en 1627 et terminée en 1641, fut bâtie d'après les dessins du père François Derrand et du frère Martel-Ange, jésuites ; le portail, dont Richelieu avait fait la dépense, fut fait à l'imitation de celui de l'eglise du Jésus à Rome, et surtout de celui de Saint-Gervais à Paris, le portail de l'église des Petits-Pères (1656), celui de Saint-Thomas-d'Aquin (1682), et plus récemment celui de Saint-Roch (1736), ne furent que des reproductions plus ou moins modifiées de ce même genre de façade. Nous devons aussi appeler l'attention sur la façade de l'église Saint-Etienne-du-Mont à Paris, dont Marguerite de Valois, première femme de Henri IV, posa la première pierre en 1610; cette façade est certainement préférable, sous bien des rapports, à plusieurs de celles que nous avons citées plus haut.

Mais en même temps l'église de Saint-Pierre de Rome venait d'être terminée, et son dôme avait acquis une réputation universelle ; de toutes parts, en France comme en Italie, on chercha dès lors à introduire des dômes dans les églises ; et depuis le dôme de la petite église des Carmes, rue de Vaugirard, qui date de 1613, on vit successivement élever à Paris les dômes des églises de la Sorbonne (1635), des Jésuites (1630), des Quatre-Nations (1662), de l'Assomption (1670), puis enfin ceux plus importants du Val-de-Grâce (1645) et des Invalides (1675). Ce fut ainsi que le dôme qui, au 6e siècle, apparaissait pour la première fois, dans la basilique de Sainte-Sophie de Constantinople, et qui, au moyen âge, avait été proscrit des églises d'occident, redevint alors le type caractéristique des églises catholiques, plus particulièrement en Italie, en France et en Espagne. Ce fut une conquête dont les architectes du 17e siéle enrichirent l'architecture française et dont il faut leur faire honneur ; car la forme d'une coupole est certainement la plus propre à caractériser dignement la puissance et la grandeur de la religion catholique ; aussi ne craignons-nous pas de le dire, les églises du 17e siècle, quoique composées sous l'influence d'un goût déjà corrompu et d'après des principes qui ne pouvaient engendrer qu'une architecture bâtarde, ne laissent pas cependant que de présenter dans leur ensemble un aspect noble et grandiose tout aussi susceptible d'exalter les sentiments religieux que les plus belles églises gothiques des siècles antérieurs.

§ 8. *Règne de Louis XIV.*

Dès que Louis XIV eut pris les rênes de l'Etat et put gouverner par lui même, une ère toute nouvelle commença à s'ouvrir pour la France ; Colbert fut le Mécène de ce nouvel Auguste, à la gloire duquel des illustrations de tout genre semblaient appelées à concourir simultanément; les arts ne restèrent pas en arrière, et l'architecture particulièrement fit de grands efforts pour répondre aux idées de grandeur et de magnificence du roi.

Versailles. — Louis XIV, voulant fixer sa résidence à Versailles, conçut de prime abord le projet de transformer le modeste rendez-vous de chasse de Louis XIII en un vaste et superbe palais qui n'eût point de rival dans le monde ; les obstacles qu'offrait une localité ingrate par elle-même ne le rebutèrent pas ; il y consacra des sommes d'argent si considérables qu'il parvint, en peu de temps, à réaliser cette immense entreprise : le château, commencé par Levau, fut continué par Jules Hardouin Mansard en 1661, et les jardins furent dessinés par Lenôtre. Louis XIV voulut que le petit château de Louis XIII fût conservé au centre du nouveau. En effet, on voit encore autour de la cour de marbre les bâtiments en pierres et briques qui en faisaient partie. Les travaux qui furent exécutés pour conduire les eaux dans le parc de Versailles dépassent tout ce qu'on peut imaginer ; la distribution de ces eaux, faite avec beaucoup d'art, dans toutes les parties de ces vastes jardins, leur ont valu une grande renommée.

Les lignes extérieures du château de Versailles, du côté du parc, ne sont pas d'un heureux effet ; en cherchant la correction, Mansard n'avait produit qu'une froide et monotone architecture entièrement dépourvue de mouvement, et si l'on est frappé, ce n'est que par la prodigieuse étendue des bâtiments. Il n'en est pas de même des intérieurs, là les décorations atteignent au plus haut degré du luxe et de la magnificence, tout en satisfaisant, sinon au goût le plus pur, au moins aux conditions principales de l'art ; ces décorations sont certainement le produit d'une imagination féconde, indépendante et hardie ; comme décorations intérieures d'un palais de souverain, il est difficile de rien imaginer de plus pompeux et de plus noble; la peinture et la sculpture ont rivalisé entre elles pour produire un grand effet, et les intérieurs du château de Versailles offrent des exemples rares de ce qu'on peut réaliser par le concours bien entendu des différents arts. Dans cette suite nombreuse de pièces qui composaient les grands appartements du roi et de la reine, on voyait réunis des tableaux des plus grands maîtres, des antiquités précieuses et des objets de curiosité de toute espèce. Lebrun, Coypel, Audran, de La Fosse, Lemoine, Philippe de Champagne, Jouvenet, etc., avaient exécuté les peintures des voûtes et des plafonds. Parmi les innombrables statues qui décoraient le parc, plusieurs étaient dues à Girardon, Puget, Coysevox, etc. La chapelle, qui mérite d'être mentionnée à part, fut seulement commencée en 1699 et terminée en 1710. La salle de spectacle ne fut bâtie que sous Louis XV.

Le Louvre sous Louis XIV. — L'achèvement du Louvre fut une des grandes préoccupations de Louis XIV; cet achèvement présentait de grandes difficultés. Les premiers projets présentés par Levau n'ayant pas obtenu l'assentiment du roi, Colbert ouvrit une espèce de concours entre les plus célèbres architectes : de tous les projets qui furent proposés, ce fut celui d'un médecin, Claude Perrault, qui obtint la préférence; toutefois Colbert et le roi lui-même, ne trouvant pas que ce projet répondît aux idées de grandeur et de magnificence qu'ils s'étaient faites pour l'achèvement d'un palais comme le Louvre, il fut résolu qu'on aurait recours à un architecte étranger. Le Bernin avait alors une réputation européenne; sollicité par une lettre autographe du roi de venir à Paris, il y consentit, non sans se faire beaucoup valoir. On lui prodigua, pendant ce voyage, des égards et des honneurs qui semblaient n'être réservés qu'aux souverains. Consulté par Louis XIV sur l'achèvement du Louvre et sur la réunion de ce palais à celui des Tuileries, il fit des projets, très-médiocres d'ailleurs, qui, après un commencement d'exécution, furent abandonnés; le Bernin repartit pour Rome comblé d'honneurs et de richesses. Claude Perrault parvint alors à faire adopter son projet, dont l'exécution fut immédiatement commencée (1665). Perrault, sous l'influence de cet entraînement général qui reportait toutes les idées vers l'antiquité, ne crut pouvoir mieux faire que d'emprunter à l'architecture antique ses ordres les plus riches pour en décorer le frontispice du plus beau palais de France. Certes on ne saurait refuser à

[ ] *Colonnade du Louvre.*

la colonnade du Louvre un certain caractère de grandeur et de noblesse, un aspect imposant qui frappe tout d'abord; mais il faut convenir cependant que ces colonnes gigantesques sont tout à fait disproportionnées avec l'architecture des autres parties de ce palais, et leur accouplement est incontestablement d'un mauvais effet; de plus, les formes et les dimensions de cette façade n'étant pas en rapport avec la nature de nos matériaux, on a dû recourir, pour l'appareil des architraves, à des moyens très-compliqués et contraires aux principes d'une bonne construction; l'interruption du plain-pied de la colonnade, occasionnée par la surélévation de la porte principale, est aussi un défaut très-choquant qu'on ne saurait excuser. Malgré les justes et nombreuses critiques auxquelles a toujours donné lieu l'œuvre de Perrault, elle n'en fut pas moins considérée comme une merveille, et l'on peut ajouter que l'influence qu'elle exerça sur l'architecture française fut immense et dure encore aujourd'hui même.

N'est-ce pas évidemment la colonnade du Louvre qui a engendré les bâtiments de la place Louis XV, la place Vendôme, la Monnaie, et plus récemment la Bourse et la Madeleine? Depuis Louis XIV, l'amour des grandes colonnes exerça beaucoup d'empire sur les architectes français et les a entraînés à faire des édifices d'un caractère faux et hors de proportion avec leur destination; il s'agissait avant tout de faire ce qu'on appelait de la grande architecture, sans s'inquiéter du caractère particulier à imprimer à tel ou tel édifice en raison de l'usage auquel il devait être consacré.

Si la colonnade du Louvre est réellement l'œuvre d'architecture la plus capitale du siècle de Louis XIV, en raison de l'influence qu'elle a exercée, non-seulement en France, mais dans toute l'Europe, il en est d'autres qui, quoique moins importantes ou moins renommées, sont certainement tout aussi remarquables.

Autres édifices de cette époque.— L'hôtel des Invalides, œuvre de Libéral

[ ] *Dôme des Invalides.*

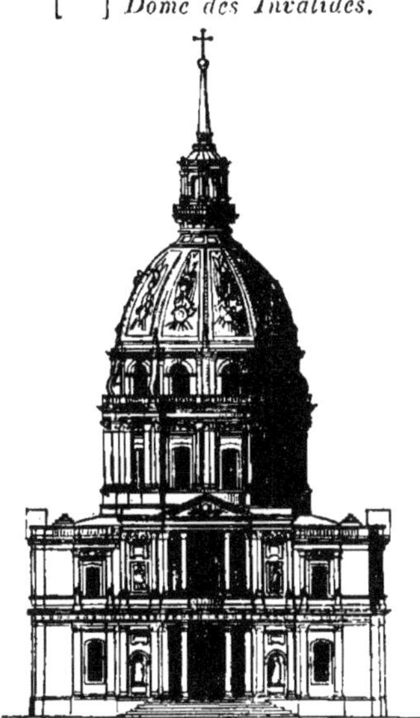

Bruant, est un édifice complet dans son ensemble et dans toutes ses parties; la disposition générale de ce vaste établissement, l'ordonnance de la cour, la chapelle, etc., assignent un rang très-distingué à l'architecte qui l'a conçu. Le dôme ajouté par Jules-Hardouin Mansard se lie mal à la chapelle; mais, pris isolément, c'est un monument de premier ordre. Cependant, comme dôme, celui de l'église du Val-de-Grâce nous paraît bien supérieur sous plusieurs rapports. Le couvent du Val-de-Grâce avait été fondé et construit par les libéralités d'Anne d'Autriche en 1624. Louis XIV encore enfant posa la première pierre de l'église le 1er avril 1645; cette église, commencée par François Mansard, fut continuée par Jacques Lemercier et terminée par Pierre Lemuet et Gabriel Leduc. L'intérieur de la coupole a été peint par Mignard.

L'Observatoire royal, construit d'après les dessins de Claude Perrault, fut commencé en 1667 et terminé en 1672. Cet édifice offre extérieurement un caractère assez convenable à sa destination, mais les différentes pièces intérieures ont toujours été mal disposées pour l'usage auquel elles étaient destinées; la science était encore peu avancée à l'époque où l'on construisit cet édifice tout spécial, et Perrault, d'ailleurs, eut le tort de ne pas vouloir suivre les indications qui lui avaient été données par Cassini: aussi qu'en est-il résulté? C'est que le corps de bâtiment principal de l'Observatoire n'est en quelque sorte qu'un édifice de représentation, et que les seuls bâtiments convenables aux observations sont ceux plus modestes, mais plus utiles, qui lui ont été successivement annexés depuis. Le bâtiment de l'Observatoire est planté sur la méridienne de Paris. La construction de cet édifice offre cela de particulier qu'on y a fait uniquement usage de la pierre à l'exclusion du fer et du bois.

En 1673, le prévôt des marchands et les échevins de la ville de Paris résolurent d'élever un monument commémoratif des rapides et brillantes conquêtes de Louis XIV. Ce monument, connu sous le nom de Porte-Saint-Denis, doit donc être plutôt considéré comme un arc de triomphe que comme une porte de ville: cette dénomination de porte résultait de sa situation à l'une des principales entrées de la ville et sur les anciennes limites. Ce fut François Blondel, architecte, maréchal des camps et armées du roi, qui en donna les dessins; la manière dont il traita ce monument triomphal lui fit beaucoup d'honneur. L'ensemble de la porte Saint-Denis est compris dans un carré parfait; ainsi, la hauteur du monument est égale à sa largeur. Les sculptures en sont très-belles, et le tout ne manque pas d'harmonie; mais, quel que soit le mérite incontestable de ce monument triomphal, combien n'est-il pas cependant inférieur à ces arcs de triomphe qui s'élevaient sur les voies antiques et dont plusieurs existent encore en Italie et en France! La porte Saint-Martin, également consacrée à la gloire de Louis XIV, est l'œuvre de Pierre Bullet, élève de Blondel; elle fut construite en 1674. Ce monument, moins grand et moins riche que la Porte-Saint-Denis, tient davantage du caractère des portes de ville; son ensemble présente un aspect assez satisfaisant. Placés dans une situation plus avantageuse, ces deux monuments produiraient évidemment un tout autre effet.

[ ] *Porte Saint-Denis.*

Les autres constructions qui appartiennent au règne de Louis XIV sont tellement nombreuses qu'il ne nous serait pas possible de les examiner en détail; nous nous contenterons donc de les énumérer en raison de leur importance et de l'intérêt qu'elles présentent.

Pendant la durée de ce long règne, l'intérieur de Paris reçut de notables améliorations : l'enceinte septentrionale fut encore reculée, de nouveaux boulevards furent plantés, les rues et les quais commencèrent à être régulièrement alignés, les différents quartiers furent pourvus de fontaines publiques, la place Vendôme et la place des Victoires complétèrent ces embellissements. Ces deux places, par leur heureuse disposition, l'ordonnance grandiose et monumentale de leur décoration, effacèrent entièrement la place Royale et la place Dauphine, qui avaient une grande renommée sous le règne précédent. De tous les hôpitaux ouverts par la charité à la misère publique, l'hôpital général, dit de la Salpêtrière, fut le plus important et le plus remarquable. On établit sur la Seine un nouveau pont de pierre pour communiquer des Tuileries au faubourg Saint-Germain. Gabriel et Mansard avaient donné les dessins de ce pont (le pont Royal), dont la construction eut lieu sous la conduite de François Romain, de l'ordre de Saint-Dominique.

Louis XIV fit achever le château des Tuileries par Levau et Dorbay, qui ne se firent pas scrupule de dénaturer l'œuvre de Philibert Delorme déjà très-compromise par leurs prédécesseurs; la rue qui existait entre le palais et le jardin fut supprimée, et le nouveau jardin fut dessiné par Lenôtre; les Champs-Elysées furent régulièrement plantés, en même temps de grands et magnifiques hôtels s'élevèrent dans les quartiers les moins peuplés de la ville, qui, par suite, se trouva considérablement augmentée. La France enfin se couvrit alors de châteaux somptueux, élevés sous l'influence de celui de Versailles, et ne conservant conséquemment plus rien de la physionomie des anciens châteaux féodaux; dans le nombre nous citerons les châteaux de Marly, de Trianon et de Saint-Cloud, ceux de Clagny, de Maisons, de Vaux-le-Vicomte, etc.

Artistes d'un ordre particulier. — Outre les architectes célèbres que nous avons eu occasion de citer à propos des divers édifices élevés sous le règne de Louis XIV, nous ne saurions nous dispenser de mentionner quelques artistes d'un ordre à part qui se sont fait connaître par des ouvrages de différents genres.

Antoine Lepautre s'était acquis une grande renommée pour la décoration intérieure des édifices; on lui doit la composition de la cascade de Saint-Cloud, une partie du château et plusieurs hôtels à Paris, parmi lesquels l'hôtel de Beauvais, rue Saint-Antoine. Jean Lepautre, son frère, plus graveur qu'architecte, a laissé un grand nombre de compositions gravées, telles que cheminées, vases, plafonds, etc., dans lesquelles on reconnaît une imagination ardente et féconde; ces deux artistes exercèrent une grande influence sur le style des décorations qui caractérisent le règne de Louis XIV. Desgodets et Marot se distinguèrent aussi par la publication d'ouvrages qui sont encore fort estimés aujourd'hui. Le premier fut chargé par Colbert de mesurer et graver les plus beaux édifices de Rome antique, ce dont il s'acquitta avec succès. Quant à Marot, il publia deux ouvrages : l'un, in-f°, de 196 planches, en 1700, et un autre, in-4°, de 114 planches, en 1738. Ces ouvrages avaient pour but de reproduire les principaux édifices de France élevés au 17ᵉ siècle et au commencement du 18ᵉ, ainsi que Ducerceau l'avait fait pour ceux du 16ᵉ. Ces ouvrages sont fort recherchés aujourd'hui; ils fournissent de précieux renseignements sur des édifices qui ont été détruits.

En résumé, de quelque point de vue qu'on envisage l'architecture du siècle de Louis XIV, on sera forcé de reconnaître qu'elle se distingue par un caractère incontestable de grandeur et de magnificence; et de plus, il faut en convenir, par une remarquable unité. En voyant les œuvres des architectes de cette époque, on acquiert la conviction qu'ils poursuivaient tous le même but et avaient les mêmes idées; disons plus, ces idées étaient communes aux peintres, aux sculpteurs et aux poètes : l'architecture de Mansard, de Lemercier, de Perrault, etc., était parfaitement en harmonie avec la peinture de Lebrun, la sculpture de Coysevox et de Puget, ainsi qu'avec toutes les productions littéraires du grand siècle; cette harmonie est le fait dominant de ces époques puissantes où chacun, ayant foi dans son œuvre, reste persuadé que tout ce qui se fait est infiniment supérieur à tout ce qui s'est fait précédemment. Or, ce n'est qu'à de telles conditions que l'art peut être indépendant et avoir une physionomie entière et originale.

§ 9. *De Louis XV à la Restauration.*

A l'éclat du règne de Louis XIV, aux pompes brillantes de la cour de Versailles, succédèrent les honteuses débauches de la régence; la corruption du goût devait être la conséquence de la corruption des mœurs, et si l'excès même des désordres qui s'étaient introduits dans la société servit à stimuler l'esprit des philosophes, il ne pouvait en être de même des beaux-arts, qui ne purent se soustraire à cette funeste influence. Il y eut cependant un certain nombre d'artistes qui entreprirent de lutter contre ces tendances pernicieuses, et le principe de grandeur qui avait dominé avec exagération pendant le règne de Louis XIV sauva l'architecture d'une décadence complète.

Les productions de la fougueuse imagination du Bernin avaient engendré en Italie le Boromini, qui, plus qu'aucun autre, fit prévaloir le goût des formes les plus contournées et les plus bizarres; Rome conserve encore de nombreux témoignages de ce mauvais goût dont l'influence devait malheureusement se faire sentir en France.

Un architecte nommé Oppenord fut le Boromini français; il s'était acquis une grande réputation dans l'art de décorer les intérieurs et avait réussi à mettre en vogue le style le plus maniéré et le plus capricieux qu'on puisse imaginer. Les Guarini, les Meissonnier et les Germain, également amateurs du genre tourmenté et bizarre, auraient, avec lui, replongé l'architecture dans la barbarie sans les efforts de quelques artistes éclairés qui ne perdirent jamais de vue les vrais principes de l'art. Le style d'Oppenord avait pu facilement s'introduire dans les boudoirs et dans les salons des hôtels nouvellement construits, mais il ne lui fut pas possible de s'imposer aussi aisément dans les édifices publics.

Gabriel, qui exécuta successivement les bâtiments de l'Ecole-Militaire, ceux de la place Louis XV, la salle de spectacle de Versailles et le château de Compiègne, est un de ceux qui ont fait tous leurs efforts pour conserver à l'architecture un caractère de simplicité et de grandeur qui contrastait sensiblement avec les écarts qu'on se permettait alors dans les constructions particulières. Les bâtiments de la place Louis XV (1763), quoique visiblement inspirés par la colonnade du Louvre, lui sont, à quelques égards, supérieurs, et leur ensemble compose une décoration grandiose et monumentale; le plan même de la place était si bien conçu, qu'après avoir cherché vainement des combinaisons de toute espèce, on n'a pas pu mieux faire que d'y revenir. Les bâtiments de l'Ecole-Militaire (1752) pourraient être l'objet d'une critique plus sévère; mais la salle de spectacle de Versailles peut aller de pair avec toutes les autres décorations du château exécutées sous Louis XIV. On imaginerait difficilement une salle plus noblement disposée, plus magnifiquement décorée et plus digne enfin du palais dont elle fait partie. Dans la reconstruction du château de Compiègne, Gabriel fut gêné par la forme irrégulière du terrain, mais il sut s'en tirer avec adresse.

La fontaine de la rue de Grenelle, achevée en 1739, est un monument qui, par son style, caractérise très-bien le goût de certains artistes de cette époque qui ne craignaient pas d'allier ensemble des reproductions des ordres les plus purs de l'antiquité et les détails les plus capricieux du genre dominant auquel ils avaient peine à se soustraire.

C'est aussi du temps de Louis XV que datent la plupart des hôtels du faubourg Saint-Germain; or, quel que soit le goût qui règne dans l'ornementation, tant intérieure qu'extérieure de ces différents hôtels, il faut proclamer que par leur disposition générale et la distribution de leurs différentes parties, ces hôtels offrent sans contredit le plus beau modèle qu'on puisse trouver d'une habitation noble, somptueuse et agréable. L'hôtel du faubourg Saint-Germain, situé entre cour et jardin, avec ses dépendances à droite et à gauche de la cour principale, etc., est un type tout à fait français qu'on peut nous envier, car il n'existe rien d'analogue dans les autres pays de l'Europe. Et quant au mauvais goût dont on accuse les œuvres du 18e siècle, on peut le dire hardiment, rien en France ne saurait être comparé aux extravagantes productions de ce genre qu'on voit en Italie, en Allemagne et en Espagne. Nulle part, qu'on le sache bien, les véritables artistes n'ont lutté avec plus de persévérance et de succès contre cette licence, à quelques égards séduisante, qu'on voulait introduire dans les arts.

C'est en se rattachant toujours aux grands principes de l'antiquité que l'architecture française a évité ces écarts funestes qu'on signale à la même époque dans les édifices des autres pays, et c'est sous l'influence de cette fidélité, trop rigoureuse sans doute, aux préceptes de l'architecture antique que s'élevèrent alors l'église de Sainte-Geneviève et le portail de Saint-Sulpice.

L'église de Saint-Sulpice, commencée d'abord en 1646, sur les dessins d'un architecte nommé Gamard, ayant été reconnue d'une étendue insuffisante, fut presque entièrement recommencée d'après les projets de Levau, sur un plan plus vaste. En 1655, la construction fut continuée après la mort de celui-ci par un nommé Daniel Gittard. Le manque d'argent obligea plusieurs fois d'interrompre les travaux. En 1718, l'architecte Oppenord fut chargé de la continuation de ce monument. Le style de l'architecture appliquée à l'intérieur de l'église de Saint-Sulpice émane directement de celui de Saint-Pierre de Rome qui servait alors de patron à toutes les églises qui se construisaient. Quant au portail, il fut fondé en 1733 sur les dessins de Servandoni, qui s'était acquis une grande renommée dans l'art de composer les décorations théâtrales et les travaux de fêtes. Ce portail, dont l'effet résulte principalement de sa grandeur, eut alors un très-grand succès dont on n'a pas lieu de s'étonner, car il est constant que, comparé aux façades en placage imitées du portail de Saint-Gervais, le portail de Saint-Sulpice, outre ses grandes dimensions, avait l'avantage d'offrir des colonnades à jour et des portiques d'une certaine profondeur. Ce morceau d'architecture nous paraît le plus grand effort tenté dans la façade d'une église en dehors des principes de l'art du moyen âge et en évitant en même temps toute similitude avec le temple païen. Mais néanmoins, quand on veut analyser les éléments dont cette façade se compose, on est amené à conclure que le principe d'après lequel elle a été conçue est tout à fait faux, que l'emploi des colonnes et des plates-bandes ne saurait avec nos matériaux être fait dans de telles proportions sans obliger de recourir à de mauvais moyens de construction, que ces doubles colonnes les unes derrière les autres ne sont pas d'un heureux effet, que cette galerie supérieure est tout à fait sans motif, et qu'enfin il n'existe aucun rapport entre l'ordonnance de l'extérieur et celle de l'intérieur du monument.

[ ] *Le Panthéon.*

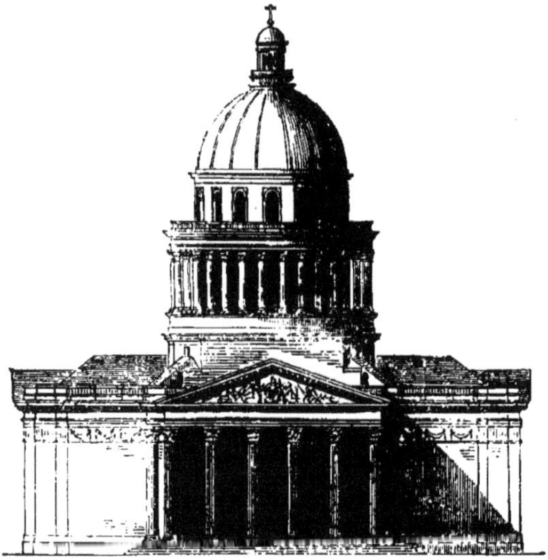

Servandoni laissa cette façade inachevée; la plus ancienne des deux tours n'est même pas de lui, la seconde a été refaite par Chalgrin en 1777.

En 1757 la nouvelle église de Sainte-Geneviève fut commencée sous la direction de Soufflot; les opérations préliminaires prirent plusieurs années, et ce ne fut qu'en 1764 que Louis XV vint solennellement en poser la première pierre. De tous les édifices modernes élevés en France, l'église de Sainte-Geneviève est sans contredit celui dans lequel on s'est le plus appliqué à imiter les productions de l'architecture antique, en restant toutefois sous l'influence de Saint-Pierre. Le Panthéon de Rome avec sa voûte sphérique et son péristyle surmonté d'un fronton a dû évidemment être pris pour modèle par Soufflot lorsqu'il conçut le projet de cette église. La disposition de la croix grecque qu'il avait adoptée était peu convenable pour les pratiques du culte; mais peu lui importait : l'idée de son dôme et de son portique paraît l'avoir préoccupé exclusivement. Ainsi que nous l'avons déjà remarqué, depuis l'achèvement de Saint-Pierre, la forme du dôme paraissait consacrée pour les églises d'une certaine importance, et Soufflot resta dans le même ordre d'idées; mais pris dans son ensemble, soit intérieurement, soit extérieurement, le dôme de Sainte-Geneviève est certainement d'une forme moins satisfaisante que celui des Invalides et surtout que celui du Val-de-Grâce, et quant aux autres parties intérieures de l'église qui forment les quatre bras de la croix, elles manquent d'unité; on y remarque une variété de voûtes et de pénétrations dans tous les sens : ce sont, si l'on veut, de curieux exemples d'appareils et de coupe de pierre, mais qui nuisent incontestablement à l'effet général. Le péristyle n'est pas plus exempt de défauts, et le système de sa construction, qui a nécessité de nombreuses armatures de fer, est des plus vicieux. Nous n'entreprendrons pas de retracer ici toutes les discussions qui s'élevèrent dans le temps au sujet du plus ou moins de solidité des quatre piliers du dôme, toujours est-il qu'on fut obligé de les refaire en construction pleine pour plus de sûreté.

Quelles que soient la justesse et la sévérité des critiques auxquelles on puisse soumettre les églises de Saint-Sulpice et de Sainte-Geneviève, il est à propos de constater dans ces deux monuments cette recherche de style élevé et correct en opposition avec toutes ces œuvres de mauvais goût qui déshonoraient alors l'architecture française.

L'hôtel des Monnaies, élevé en 1771 par

M. Antoine, est encore une preuve de ces efforts constants que faisaient les architectes d'un vrai mérite pour maintenir l'art dans les principes de l'antiquité; ce n'est pas à dire qu'on doive pour cela considérer ces monuments comme des modèles, mais, eu égard au déréglement qui régnait alors, il faut savoir gré aux artistes qui ne s'y sont pas laissé entraîner; leurs intentions étaient bonnes, mais il faut convenir qu'ils ne furent pas toujours à la hauteur de la tâche qu'ils s'étaient imposée. Le système trop exclusif d'imitation qu'ils avaient fait prévaloir ne s'opposait-il pas d'ailleurs à la production d'un style original?

Règne de Louis XVI. — Les écarts que nous avons signalés de la part de certains architectes du règne de Louis XV eurent pour effet de produire bientôt une brusque réaction; si l'on ajoute à cela l'influence des encyclopédistes et cet esprit de réforme générale qui commençait à poindre dans la société, on comprendra que les arts aient aussi tenté de se régénérer et de suivre une nouvelle voie; mais, sous le prétexte de réformer le mauvais goût, on appauvrit le style de l'architecture, et l'on créa des œuvres inférieures, pour la plupart, à celles qu'on se hâtait de répudier. Les édifices commencés sous le règne précédent furent continués et achevés sous celui-ci; mais de plus, on en créa successivement de nouveaux, parmi lesquels nous citerons le collége de France, par Chalgrin (1774); l'Ecole de Médecine,

[ ] *Ecole de Médecine.*

dont Louis XVI posa la première pierre dans la même année par Gondoin; le Théâtre-Français, depuis l'Odéon, commencé en 1779 et terminé en 1782 par Peyre et Dewailly.

M. Louis éleva à cette époque quatre édifices dont un seul suffirait pour faire la réputation d'un architecte. Ce furent d'abord les maisons et les galeries du Palais-Royal, qui furent bâties au pourtour du jardin dans un but de spéculation (1781). Il est certainement difficile d'imaginer un ensemble de constructions mieux entendu pour satisfaire aux données du programme proposé; quelques observations critiques que puisse motiver, sous certains rapports, le style de l'architecture du Palais-Royal, il est constant que la grande unité qui règne dans ces vastes bâtiments, l'heureuse disposition du plan, l'habileté avec laquelle de nombreux et commodes dégagements ont été ménagés, feront toujours de cet immense bazar un édifice unique et sans rival dans le monde. Or, quand on songe que c'est au même architecte qu'on doit le théâtre de la Comédie-Française attenant aux bâtiments du Palais-Royal, celui de l'ancien Opéra rue de Richelieu, et le célèbre Opéra de Bordeaux, il faut convenir que cet architecte mérite d'occuper un rang très-distingué parmi ses contemporains.

L'emploi du fer dans les constructions d'une certaine importance n'est pas aussi récent qu'on est généralement disposé à le supposer. Ce fut M. Brébion, architecte du Louvre à cette époque (vers 1778), qui en fit une des premières applications dans la voûte et le comble du grand salon du musée. Quelques années plus tard, M. Louis construisait en fer les voûtes, les planchers et le comble du Théâtre-Français (1789).

En 1784, on entreprit, dans un intérêt tout fiscal de renfermer Paris dans un mur d'enceinte, et l'on éleva, à cette occasion, à chacune des entrées de la capitale, de nouvelles constructions d'un style uniforme, mais toutes variées dans leur disposition. M. Ledoux, architecte, qui fut seul chargé de toutes ces constructions, avait voulu leur imprimer un cachet d'originalité; mais il n'était réellement parvenu qu'à créer un style bizarre et parfois même ridicule. Il ne faut donc voir dans cette architecture des barrières qu'un goût individuel et qui est heureusement resté sans imitateur.

Un grand nombre d'habitations particulières furent bâties à cette époque, surtout dans la Chaussée-d'Antin; elles portent un caractère particulier qui les rend facilement reconnaissables parmi les constructions plus modernes dont elles sont maintenant environnées; moins grandement conçues et moins monumentalement traitées que les habitations du règne de Louis XV, ces constructions sont généralement mesquines et se distinguent par l'affectation de certains détails fort en vogue alors et par une extrême maigreur dans leurs profils.

La récente découverte des temples grecs de Pestum dans le royaume de Naples exerça momentanément une grande influence sur l'architecture. On vit alors les architectes saisis d'un véritable engouement pour les ordres de ces temples, cela devint une mode, et l'on appliqua indistinctement ce genre de colonnes grecques à des édifices tous différents d'usage et de destination. MM. Legrand et Molinos furent les derniers partisans de ce style grec dont ils firent de malheureuses applications. Ce furent ces deux architectes qui, en 1789, construisirent la salle du théâtre Feydeau dans un terrain très-irrégulier. Ce théâtre, qui avait été traité avec une certaine recherche, fut démoli lors de la création de la place de la nouvelle Bourse.

Ce fut sous Louis XVI que, pour la première fois, la construction d'un pont fut confiée à un ingénieur; ce premier ingénieur fut Perronnet, à qui l'on doit le pont Louis XVI et le pont de Neuilly, remarquables par leurs arches en segment de cercle, ce qui était alors une nouveauté. La construction du pont de Neuilly fut avec raison considérée comme très-hardie.

Comme constructions hydrauliques, nous citerons les pompes à feu du Gros-Caillou et de Chaillot, dont l'établissement est dû aux frères Perrier.

Dans les décorations intérieures, le désir de ramener l'ornementation à un style plus pur avait produit de la sécheresse, et pour vouloir s'éloigner de ce genre dit *rocaille* qui caractérise l'époque de Louis XV, on était tombé dans une sorte de coquetterie maniérée et mesquine tout à la fois.

En résumé, sous Louis XVI l'architecture française eut un caractère moins franc et moins indépendant que sous Louis XV. La recherche malentendue du style et de la pureté antique lui fit perdre le grandiose, l'abondance et l'originalité qui distinguaient certaines productions du siècle précédent, en dépit du goût un peu hasardé de leurs détails. Néanmoins, la France tenait encore le sceptre des arts, et l'Italie, qui lui avait si longtemps servi de guide et de modèle, avait vu l'architecture subir une décadence complète dont elle ne s'est plus relevée depuis.

La République, le Consulat et l'Empire. — Après la mort de Louis XVI, la France, préoccupée de graves et puissans intérêts, abandonna momentanément le culte des beaux-arts. Au moment où tout était remis en question, et lorsqu'il ne s'agissait de rien moins que de reconstituer la société sur des bases toutes nouvelles, on pourrait croire que l'occasion dût être favorable pour opérer une réforme radicale dans l'architecture; mais il ne pouvait en être ainsi. En effet, ce n'est qu'à l'aide d'institutions fortes, dans le sein d'une société solidement organisée, et par l'influence d'une religion triomphante, que les arts en général, et l'architecture surtout, peuvent se développer et fleurir avec succès. Aucune production sérieuse ne peut servir à caractériser cette période, mais cependant les appels nombreux, solennels, faits aux artistes nous ont valu quelques-uns de ces rêves plus ou moins brillants qui dénotent surtout de la part de leurs auteurs l'unique préoccupation de faire du neuf à tout prix; quelques projets qui nous ont été transmis par la gravure peuvent donner une idée de ces compositions fantastiques qui, par bonheur, n'ont jamais existé que sur le papier : on y trouve des édifices dont la destination est exprimée par des formes symboliques dont l'exécution matérielle eût été tout à fait impossible.

Mais bientôt le mot de république ayant retenti d'une extrémité de la France à l'autre, l'idée vint aux artistes avant les autres de parodier l'ancienne république romaine; quelques-uns poussèrent cette fausse imitation jusqu'à se vêtir de toges et de sandales, et à se promener à demi nus dans les rues de Paris. Tout en croyant épurer le goût et en cherchant à atteindre la correction de l'art antique, ce fut alors qu'on créa ce style sans accent et sans couleur que l'on a qualifié depuis du nom de *messidor*. Ce style passager fut en vogue pendant le directoire et à peu près jusqu'à la fin du consulat.

A l'époque de la guerre d'Egypte on se prit un moment d'enthousiasme pour le style égyptien, comme un instant, sous Louis XV, on s'était amouraché du chinois; on ne craignait pas de faire des hôtels, et même des maisons dans le style de l'architecture égyptienne. La statue d'un héros français (celle de Desaix) fut élevée sur la place des Victoires sur un piédestal égyptien, et lui-même était représenté entièrement nu; on fut obligé de faire disparaître ce monument qui choquait tous les esprits.

Lorsque Napoléon, nouveau César, rêva la création d'une nouvelle Rome, quelques hommes, entraînés par sa puissante volonté, commencèrent à prendre plus au sérieux cette imitation de l'art antique; cela devint pour eux une véritable foi; toutes les traditions de notre passé furent entièrement mises de côté; il semblait qu'il n'y avait jamais eu en France aucun type d'architecture, pas plus au moyen âge que sous François Ier, sous Charles IX ou sous Louis XIV. La France n'était plus la France, c'était un nouvel empire romain qu'il s'agissait de ressusciter; on rêvait à la possibilité de transporter à Paris les forums de Rome avec leurs temples, leurs arcs de triomphe, leurs demi-dieux, etc. Les vues de l'empereur encourageaient ces tendances; chef d'une république qui avait brisé l'ancienne monarchie, désirant lui-même en fonder une nouvelle, il préférait cette imitation, qui remontait à 18 siècles, à celle qui n'eût été qu'une continuation du style français des derniers règnes.

[ ] *Arc-de-triomphe du Carrousel.*

Ce fut à un tel ordre d'idées que Paris fut redevable de l'arc-de-triomphe du

Carrousel, froide imitation de l'arc de Constantin de Rome, fort peu approprié par ses dimensions, à la place où il fut érigé; de la colonne d'Austerlitz, reproduction à peu près exacte de la colonne Trajane, chef-d'œuvre d'Apollodore, si ce n'est que le monument de marbre fut traduit en bronze. Le péristyle du Corps législatif et le temple de la Gloire, devenu la Madeleine, ne furent également que la reproduction des temples de l'antiquité païenne; enfin le grand édifice qui avait été commencé, sur le quai d'Orsay, pour le ministère des affaires étrangères, fut conçu d'après l'ordonnance des théâtres ou des amphithéâtres romains.

On professait alors le plus profond mépris pour l'architecture du moyen âge et de la renaissance; quand il s'agissait d'un nouvel édifice, il fallait absolument, pour en déterminer le style, lui trouver un point d'analogie dans un monument de l'antiquité romaine. Cette fausse direction dominait dans les écoles publiques : au lieu de ce principe si juste et si vrai qui veut qu'en architecture la forme soit déterminée par le besoin et par le mode de construction, on était arrivé à en faire prévaloir un autre tout opposé et entièrement contraire à la raison ; il consistait à faire adopter *à priori* telle ou telle forme reconnue belle, sauf à torturer le besoin pour qu'il s'en accommode tant bien que mal, et à recourir, pour la construction, à des moyens compliqués et tout différents de ceux indiqués par les matériaux.

[ ] *Colonne d'Austerlitz.*

Si les principes qui prévalurent dans l'architecture de l'empire ont eu leur exagération, il faut néanmoins rendre justice aux bonnes intentions des chefs de cette école qui, s'étant proposé de remettre l'art dans la voie du bon goût, ont fait pour y parvenir des efforts dignes d'éloges, et qui furent, sous certains rapports, couronnés de succès.

L'architecture de l'empire, inférieure aux modèles qu'elle s'était proposé d'imiter, est privée de tout caractère national pour n'avoir voulu tenir aucun compte des traditions du passé. La forme mathématique appliquée dans les différentes parties de l'enseignement et l'esprit militaire, qui était alors l'esprit dominant, semblent aussi avoir exercé une certaine influence sur les constructions de cette époque; c'est peut-être à ces causes qu'il faut attribuer ce goût si prononcé pour les grandes places, pour les façades bien alignées, et enfin pour cette régularité et cette symétrie dont la rue de Rivoli est un exemple peu satisfaisant; cette longue étendue de façades semblables ne saurait être mieux comparée qu'à une ligne de soldats rangés en bataille.

On doit aussi à l'empire la construction de la Halle-aux-Vins, celle des Abattoirs et de plusieurs marchés; le genre d'architecture adopté pour ces édifices d'utilité publique nous paraît bien approprié à leur destination, et l'on peut en conclure qu'il suffit d'être vrai et naturel pour faire bien. La coupole en bois qu'on avait construite au-dessus de la cour de la Halle au blé ayant été consumée par un incendie en octobre 1802, Bellanger, architecte, la refit en fer en 1811, telle qu'on la voit aujourd'hui. Il est assez curieux que par l'effet du hasard cette coupole ait exactement les dimensions de celle du Panthéon de Rome, et fasse de même que celle-ci partie d'une sphère tangente à la surface du sol.

Les décorations intérieures, la composition des meubles, des bronzes et des pièces d'orfévrerie, etc., tout, sous l'empire, se faisait dans un esprit d'imitation antique; il en résultait qu'on n'hésitait pas à adopter pour les meubles destinés aux usages les plus vulgaires la forme de trépieds ou d'autels empruntés aux Grecs et aux Romains. Par horreur des lignes contournées et des formes capricieuses, si fort en vogue avant la révolution, on ne voulut plus admettre que les lignes droites et les formes anguleuses; à la profusion des ornements et des sculptures en relief et richement dorés, on substitua une simplicité souvent exagérée qui, dans l'intérieur des appartements, produisait une grande froideur et s'opposait à toute magnificence, tant il est difficile de réformer sans passer d'un excès à un autre.

La Restauration et le gouvernement de Juillet. — Mais on devait promptement se lasser de ce style sec et froid qui ne répondait pas aux exigences du luxe et ne se prêtait pas à ce besoin de bien-être qui avait été engendré par la paix. La restauration fut une occasion dont on profita pour protester faiblement d'abord, mais ensuite plus résolument et plus universellement; l'architecture des édifices publics de cette période ne diffère pas essentiellement de celle de l'empire : elle se trouve caractérisée par le monument expiatoire de Louis XVI, par l'église de Notre-Dame-de-Lorette, la nouvelle salle de la chambre des députés et l'achèvement de la Madeleine.

Ce fut alors que le besoin de changement et l'abandon du style de l'empire amenèrent ce retour aux vieux ameublements richement sculptés dont l'aspect flatte agréablement la vue. Mais ce goût pour les productions du passé, s'il devait durer, serait à la fois le signe et la cause d'une véritable impuissance. Tels sont donc les écueils que l'art moderne doit chercher à éviter, savoir le mépris ou le trop grand engouement pour l'art du passé.

La révolution de juillet, en assurant le triomphe de la liberté, a pu momentanément réagir sur les arts et sur l'architecture en particulier, de là cette espèce d'anarchie résultat de l'éclectisme proclamé à cette époque; mais en même temps aussi cette studieuse avidité avec laquelle on s'est mis à interroger les monuments de notre pays, la plupart méconnus ou incompris par l'école de l'empire; espérons que de cette étude bien dirigée il résultera une intelligence véritable de nos besoins, de nos goûts et de notre caractère français; mais que sous prétexte de refaire notre art national, on ne commettra pas l'erreur de copier et de reproduire littéralement les productions d'un autre âge créées dans un autre ordre d'idées et pour des besoins tout différents des nôtres. Dans le même espace de quinze années, le gouvernement de juillet a fait élever beaucoup plus d'édifices que la restauration. Sans parler de ceux qui étaient restés inachevés, et qui ont été terminés, nous citerons dans ce nombre l'École des beaux-arts, la colonne de Juillet, l'édifice du quai d'Orsay, la chambre des pairs, l'hôtel-de-ville, l'église Saint-Vincent-de-Paul, l'hospice de Charenton, etc.

Les architectes aujourd'hui peuvent se diviser en trois écoles : l'une, qui a ses représentants dans la génération de l'empire, est restée fidèle aux principes dits classiques, elle lutte et proteste sans relâche contre toute espèce de tentative nouvelle.

La seconde, plus large dans ses doctrines, moins exclusive dans ses admirations, veut, tout en s'appuyant sur les grands principes de l'antiquité, tenir compte de tout ce que le moyen âge et la renaissance nous ont transmis de beau, soit en Italie, soit en France, et en tirer d'utiles et féconds enseignements pour arriver à la création d'un style approprié à nos besoins, à nos matériaux et à notre climat.

La troisième, plus jeune et plus ardente, qui est née d'hier à la suite et par l'influence d'une certaine école littéraire, est très-entière dans ses principes; ils peuvent, d'après son propre langage, se résumer ainsi : l'architecture du moyen âge est notre architecture nationale; c'est l'architecture ogivale du 13e siècle, qui représente l'apogée de l'art en France, et qu'il faut étudier et prendre pour modèle de notre architecture moderne, à l'exclusion de toute autre; par la raison que pour tant faire que d'imiter, disent ses adeptes, il vaut mieux ne remonter qu'à six siècles plutôt qu'à dix-huit.

Nous devons nous contenter d'exposer cette situation, et il ne nous appartient pas de préjuger à laquelle de ces écoles l'avenir doit appartenir, seulement nous croyons devoir nous élever contre le singulier abus que l'on fait de ces mots : notre art national, notre architecture nationale, et contre la fausse interprétation qu'on en fait trop souvent. L'architecture d'un pays se transforme comme sa civilisation, ses mœurs, ses idées et ses besoins. Ainsi donc, l'architecture des monuments de tout genre élevés en France n'était ni plus ni moins nationale au moyen âge qu'à la renaissance, que sous Louis XIII, Louis XIV ou Louis XV.

Nous terminerons par la citation d'un passage emprunté à M. Hippolyte Fortoul (de l'art en Allemagne) qui résume en peu de mots l'idée qu'il faut attacher à l'architecture : « Autant de fois vous verrez l'architecture changer ses formes, autant de fois vous pourrez dire que la civilisation sera renouvelée ; et si vous assistez à une époque où les constructions manquent d'originalité, dites aussi sans crainte que ses idées n'en ont aucune ; les monuments sont la véritable écriture des peuples. »

§ 10. *Bibliographie.*

Époque gauloise. — Dom Martin, *La Religion des Gaulois*. Paris, 1727. — *Histoire des Gaules et des conquêtes des Gaulois*. Paris, 1752-1754. — *Éclaircissements hist. sur les origines celtiques*, etc. Paris, 1744. — *Explication de divers monuments singuliers qui ont rapport à la religion des peuples les plus anciens*. Paris, 1739. — Pelloutier, *Histoire des Celtes, et particulièrement des Gaulois et des Germains*. Paris, 1770-71. — La Sauvagère, *Recueil d'antiquités dans les Gaules*, 1770. — Laureau, *Histoire de France avant Clovis*; nouv. édit. Paris, 1789. — De Cambry, *Monuments celtiques* (il y a une nouvelle édit. de ce livre par Em. Souvestre). Paris, 1805. — Berlier, *Histoire de la Gaule sous la domination romaine*. Bruxelles, 1822. — *Monuments anciens et modernes*, publiés par Jules Gailhabaud, notices de M. Ernest Breton, en 1843, 44 et 45. — Amédée Thierry, *Histoire des Gaulois*. Paris. — Mahé, *Essai sur les antiquités du Morbihan*. — Bareillon, *Recherches sur plusieurs monuments celtiques et romains*, 1806. — De Jouffroy et E. Breton, *Introduction à l'histoire de France*. Paris, 1838. — Grivaud de La Vincelle, *Recueil de monuments antiques de la Gaule*, 1817. — De Penhouet, *Recherches historiques sur la Bretagne, d'après ses monuments*. — *Recherches sur les pierres de Carnac* — De Freminville, *Antiquités du Finistère*, 1828. — *Antiquités du Morbihan*, 1822. — *Antiquités des Côtes-du-Nord*, 1832.—

Mahé, *Essai sur les antiquités du Morbihan.* Vannes, 1826. — De Penhouet, *Archéologie armoricaine.* Rennes, 1826. *Essai sur les monuments armoricains.* Nantes, 1805. — *Mémoires de l'académie celtique*, aujourd'hui la Société des antiquaires de France. — Germet, *Histoire de Vienne durant l'époque gauloise.* Vienne, 1829. — Duteuil, *Notice archéologique sur le dolmen de Montguyon.*

Époque gallo-romaine. — César, *Commentaires.* — Montfaucon, *Diarium italicum.* Paris, 1702. — *Antiquités expliquées* (supplém.). — Millin, *Monuments antiques inédits*, 1802-1806, 2 vol. — *Histoire des beaux-arts.* — Clérisseau, *Antiquités de Nîmes.* — Grangent et Durand, *Monuments de Nîmes*, 1819. — Ménard, *Histoire de Nîmes.* — Rey, *Monuments anciens et gothiques de Vienne en France*, texte de Velly. Paris, 1820. — Frary, *Monuments de l'ancien Comtat venaissin.* — Jollois, *Antiquités du grand cimetière d'Orléans.* — *Mémoire sur les antiquités du Loiret.* Paris, 1832. — La Sauvagère, *Antiquités de Saintes.* — Ern. Breton, *Antiquités d'Autun.* — Chorier, *Antiquités de Vienne*, 1650; nouvelle édition, par Cochard. Lyon, 1828. — Spon, *Recherches des antiquités de Lyon.* Lyon, 1695. — Colonia, *Antiquités de la ville de Lyon.* Lyon, 1701. — A. Fluchon, *Mémoire sur trois anciens aqueducs de Lyon.* Lyon, 1842. — Lamy, *Description de deux monuments anciens près la ville de Saint-Remy*, 1737. — Grangent et Durand, *Description des monuments antiques du midi de la France.* Paris, 1819. — Seguin, *Antiquités d'Arles*, 1687. — Estrangin, *L'Amphithéâtre romain d'Arles.* Marseille, 1837. — *Études archéologiques, historiques et artistiques sur Arles.* Aix, 1838. — Fortia d'Urban, *Antiquités et monuments du département de Vaucluse*, 1808. — Caristie, *Notice sur l'arc et le théâtre d'Orange et d'Arles.* Paris, 1839. — Le Beuf, *Dissertation sur l'état des anciens habitants du Soissonnais avant la conquête des Gaules par les Francs.* Paris, 1736. — *Dissertation sur l'état civil et ecclés. de Paris*, 1739. — De Caylus, *Recueil d'antiquités.* Paris, 1752 et 1766.

Moyen âge. — Dom Bernard de Montfaucon, *Les monuments de la monarchie française.* Paris, 1729-1733. — Millin, *Monuments français.* Paris, 1790-1798. — *Voyage dans les départements du midi de la France.* Paris, 1807-1811. — Chapuy, *Cathédrales françaises.* Paris, 1823-1831. — De Caumont, *Bulletin monumental*, 1834. — *Essai sur l'architecture religieuse au moyen âge.* Caen, 1825. — Prosper Mérimée, *Notes d'un voyage dans le midi de la France*, 1835. — *Notes d'un voyage dans l'ouest.* Paris, 1836. — *Notes d'un voyage en Auvergne.* Paris, 1838. — *Essai sur l'architecture religieuse du moyen âge, particulièrement en France*, 1839, publié par la Société de l'histoire de France. — A. Allier, Michel et L. Batissier, *L'ancien Bourbonnais.* Moulins, 1833-37. — Vitet, *Histoire des anciennes villes de France.* Dieppe, Paris 1833. — *Revue des Deux-Mondes.* Paris, 1844. — Moret, *Moyen âge pittoresque*, texte descriptif et historique. Paris, 1837. — J. Oudin, curé de Bourron, *Manuel d'archéologie religieuse, civile et militaire.* — Crosnier, chanoine de Nevers, *Éléments d'archéologie à l'usage des séminaires.* — Daniel Ramée, *Moyen âge archéologique et monumental* texte). Paris, 1840. — Raoul-Rochette, *Discours sur les types primitifs de l'art chrétien.* Paris, 1834. — Bourrassée, *Archéologie chrétienne.* Tours, 1842. — Chapuy et Jolimont, *Histoire des cathédrales de France.* — Miller, *Nouvelle description de la cathédrale de Strasbourg.* — La Sauvagère, *Recherches historiques et critiques sur la Touraine, le Poitou et le Maine*, 1786. — Thiollet, *Antiquités et monuments du Poitou.* — Al. Noël, *Souvenirs pittoresques du Poitou et de l'Anjou.* Paris, 1828. — Mallay, *Églises romanes et romano-byzantines du département du Puy-de-Dôme.* Moulins, 1838. — D. Branche et E. Thibaud, *L'Auvergne au moyen âge.* Clermont-Ferrand, 1842. — A. Michel, *L'ancienne Auvergne et le Velay.* Moulins, 1842. — Romelot, *Description historique de l'église métropolitaine de Bourges.* — Tarbé, *Recherches historiques sur la ville de Sens et ses environs.* — Tripon, *Histoire monumentale de l'ancienne province du Limousin.* — De Cambry, *Voyage du Finistère*, 1795. — *Description du département de l'Oise.* — Richet, *Le Mans ancien et moderne.* — Tarbé, *Les sépultures de saint Remi à Reims.* — *Trésor des églises de Reims.* — Flodoart, *Histoire de l'église métropolitaine de Reims.* — Marlo, *Metrop. Rem. historia*, 1666. — Arnaut, *Description monumentale du département de l'Aube.* — Gilbert, *Description historique de l'église Notre-Dame de Reims.* Reims, 1825. — Géruscz, *Description historique et statistique de la ville de Reims.* Reims, 1817. — Duplessis, *Histoire de la ville et des seigneurs de Coucy*, 1728. — *Histoire de l'église de Meaux*, 1730. — Champollion, *Antiquités de la ville de Grenoble.* Grenoble, 1807. — Doublet, *Histoire de l'abbaye de Saint-Denis.* — Rouillard, *Histoire de Saint-Germain-des-Prés.* Paris, 1724. — Gilbert, *Description de la basilique métropol. de Notre-Dame de Paris*, 1811. — *Description historique de l'église royale de Saint-Denis.* Paris, 1815. — Félibien et Lobineau, *Histoire de l'abbaye royale de Saint-Denis.* — Calmet, *Histoire de la Lor-*

raine. Nancy, 1745.—Bégin, *Histoire de la cathédrale de Metz.* Metz, 1842. — Pommeraye, *Histoire de l'abbaye royale de Saint-Ouen.* Rouen, 1662. — *Histoire de l'église cathédrale de Rouen.* — De La Rue, *Essai historique sur la ville de Caen et son arrondissement.* — L.-T. Jolimont, *Monuments de la Normandie.* Paris, 1820. — Gilbert, *Description historique de l'église cathédrale de Notre-Dame de Rouen.* Rouen, 1816. — *Description historique de l'église Saint-Ouen de Rouen.* Rouen, 1816. — Langlois et de Lapierre, *Description historique des monuments de Rouen*, 1821. — Jolimont, *Description historique et critique des monuments civils et religieux du Calvados.* Paris, 1825. — Deville, *Essai historique sur l'église et l'abbaye de Saint-Georges de Bocherville.* Rouen, 1827. — Hyac. Langlois, *Essai historique et description de l'abbaye de Saint-Vandrille.* Paris, 1817. —Deshays, *Histoire de l'abbaye royale de Jumiéges.* Rouen, 1829. —Gilbert, *Description historique de l'église cathédrale de Chartres.* Chartres, 1824. — Dusssevel, *Description historique du département de la Somme.* — *Histoire de la ville d'Amiens*, 1832. — *Notice sur la cathédrale d'Amiens.* — Rivoire, *Description de l'église cathédrale d'Amiens*, 1806. — Gilbert, *Description historique de la cathédrale d'Amiens.* — Louvet, *Histoire de la ville et cité de Beauvais et antiquités du Beauvoisis*, 1614. — Gilbert, *Description historique de la cathédrale Saint-Pierre de Beauvais*, 1829. — Em. Voillez, *Description de la cathédrale de Beauvais.* Paris, 1838. — Estrangin, *Description de l'église métropolitaine d'Arles.* — *Instructions du comité historique des monuments*, de 1834 à 1845. — Lenoir, *Monuments des arts libéraux.* — Martin et Cahier, *Vitraux de la cathédrale de Bourges.* — Bourgeois, *Vues de France.* — Didron, *Annales archéologiques.* — Lassus et Didron, *Monographie de la cathédrale de Chartres.* — Allom et Delille, *La France au XIX*[e] *siècle.* — Arnaud, *Voyage archéologique dans le diocèse de Troyes.* — Léon de La Picotière et Poulet Malassis, *Le département de l'Orne archéologique et pittoresque.* —Adolphe Berty, *Dictionnaire de l'architecture du moyen âge.*

Renaissance. — Philibert Delorme, (l'architecture de), 1567. — Jacques Androuet-Ducerceau, *Les plus excellents bâtiments de France.* — Baltard, *Paris et ses monuments.*—Marot, *Recueil de plusieurs châteaux, églises, hôtels, etc., œuvres d'architecture* (dit le grand Marot) 1700.—Israël Silvestre, *Vues diverses.* — Perelle, *idem.* — Rigaud, *Châteaux de France.* — Blancheton, *Vues des principaux châteaux de France.* — Castellan, *Fontainebleau.* — Charles Pensée, *Recueil des anciens monuments civils et religieux de la ville d'Orléans.* — Vergnault Romagnesi, *Album du département du Loiret.* — *Histoire de la ville d'Orléans*, 1830. — Chabouillet, *Notice historique sur le château de Chenonceau.* Paris, 1834. — Deville, *Tombeaux de la cathédrale de Rouen.* — La Querrière, *Description historique des maisons de Rouen.* — De La Saussaye, *Églises, châteaux et hôtels du Blaisois* : 1° *château de Chambord;* 2° *château de Blois*, 1840. — A. Lenoir, *Rapport sur le Périé, château d'Anet*, 1800. — Merle et Perie, *Château de Chambord.* — Imbard, *Tombeaux de François I*[er] *et de Louis XII.* — G. Jobard, *Voyage pittoresque en Bourgogne.* — Vauzelle, *Monuments de la France.* — Stanislas Bellanger, *La Touraine ancienne et moderne.* — Callet, *Notice sur quelques architectes du 16*[e] *siècle.*

Ouvrages généraux. — Alexandre de La Borde, *Les monuments de la France.* Paris, 1816. — Louis Batissier, *Éléments d'archéologie nationale.* Paris, 1843. — De Caumont, *Cours d'antiquités monumentales*, 6 *vol.* Paris, 1821 et années suivantes. — Alexandre Lenoir, *Musée des monuments français.* Paris, 1800 à 1822. — Seroux d'Agincourt, *Histoire de l'art par les monuments.* Paris. — Willemin, *Monuments français inédits.* Paris, 1806.— Ch. Nodier, J. Taylor et A. Cailleux, *Voyages pittoresques et romantiques dans l'ancienne France*, 1820. — A. Hugo, *France historique et monumentale.* Paris, 1836. — Dulaure, *Description des principaux lieux de France.* Paris, 1788. — Daniel Ramée, *Manuel de l'histoire générale de l'architecture chez tous les peuples.* Paris, 1843. — Dussommerard, *Les arts au moyen âge.* Paris, 1838.— Félibien et Lobineau, *Histoire de Paris.* Paris, 1725. — Sauval, *Histoire et recherches des antiquités de la ville de Paris.* Paris, 1779. — Dulaure, *Histoire physique, civile et morale de Paris.* Paris, 1825. — Le Beuf, *Histoire de la ville et du diocèse de Paris*, 1754. — Jules G[illegible]habaud, *Bibliothèque archéologiqu*[illegible] Daly, *Revue de l'architecture et des* [illegible]*vaux publics.* — *Magasin pittoresque* [illegible] 1839 à 1845. (*Études d'architecture en France.*) L. Batissier, *Histoire de l'art monumental*, Paris, 1844.— Laudon, *Description de Paris.* — Brice, *Description de Paris et de ses édifices.* — Turpin de Crissé, *Le vieux Paris.* — Pollet et Roux, *Monuments d'architecture gothique romaine et de la renaissance.* — Reville et Lavallée, *Musée des monuments français.* — Albert Lenoir, *Statistique monumentale de Paris.*

www.ingramcontent.com/pod-product-compliance
Ingram Content Group UK Ltd.
Pitfield, Milton Keynes, MK11 3LW, UK
UKHW021100270726
13994UKWH00009B/1720

9 782329 348490